LETRILLAS

D1558802

clásicos castalia

COLECCIÓN FUNDADA POR
DON ANTONIO RODRÍGUEZ-MOÑINO

DIRECTOR
DON ALONSO ZAMORA VICENTE

Colaboradores de los volúmenes publicados:

LUIS DE GÓNGORA y Argote

LETRILLAS

Edición,
introducción y notas
de
ROBERT JAMMES

clásicos castalia

Madrid

Copyright © Editorial Castalia, 1984
Zurbano, 39 - 28010 Madrid - Tel. 419 58 57

Cubierta de Víctor Sanz

Impreso en España - Printed in Spain
Unigraf, S. A. Fuenlabrada (Madrid)

I.S.B.N.: 84-7039-359-6
Depósitot Legal: M. 24.687-1984

SUMARIO

INTRODUCCIÓN   7

NOTICIA BIBLIOGRÁFICA   24

BIBLIOGRAFÍA SELECTA   32

NOTA PREVIA   35

PRIMERA PARTE

    Letrillas líricas   41
    Letrillas satíricas   51
    Letrillas burlescas   115
    Letrillas sacras   150

SEGUNDA PARTE

    Letrillas atribuidas   191
    Letrillas apócrifas   249

ÍNDICE DE PRIMEROS VERSOS Y DE ESTRIBILLOS   293

ÍNDICE DE LÁMINAS   303

INTRODUCCIÓN

P A R E C E que los editores antiguos y modernos, cuando agruparon una parte de las obras de Góngora bajo la rúbrica *letrillas,* se refirieron más bien a una tradición que a una definición precisa de este género poético. Nada impediría adoptar la misma actitud, si los autores de esas clasificaciones coincidieran siempre; pero hay entre ellos frecuentes divergencias y si, para resolverlas, el editor moderno trata de analizar la tradición y ver qué concepto de la letrilla se puede deducir de ella, entonces aparece toda la complejidad del problema.

Letrilla satírica se intitula, por ejemplo, el último de los romances de la edición Millé, "Todo se murmura" (número 94). ¿Dónde vamos a colocarlo? ¿Entre las letrillas o entre los romances? Chacón, única fuente de esta poesía, la pone con las letrillas satíricas, pero Millé explica en una nota que es en realidad "un romance, inconcluso por cierto, cuyo estribillo habían de ser los cuatro últimos versos". Aquí aparece, pues, una primera ambigüedad en lo que toca a los romances con estribillo que, en efecto, son considerados unas veces como romances y otras como letrillas, sin que intervenga, al parecer, otro criterio que el capricho del recopilador. Otro ejemplo: Adolfo de Castro consideró como romance "Sobre unas altas rocas" (*BAE,* XXXII, p. 513), y como letrilla "De unas enigmas que traigo" (*ibid.,* p. 504). ¿Por qué haber separado dos composiciones que, desde el punto de vista métrico, son rigurosamente idénticas, ya que, en ambos casos, se trata de un romance octosílabo, dividido en estrofas de ocho versos, separadas por un estribillo de un verso? Lo mismo se puede decir de "¡Oh, cuán bien que acusa Alcino!", colocado entre los romances (*ibid.*, p. 513), mientras "Cual más, cual menos", de forma rigurosamente idéntica (p. 503), figura entre las letrillas.

La misma confusión existe entre *letrillas* y *décimas*: Chacón pone entre las décimas satíricas "Ya de mi dulce instrumento", y entre las décimas burlescas "Una moza de Alcobendas", que, en cuanto a la forma, no se diferencian en absoluto de "Los dineros del sacristán", considerada, sin embargo, como letrilla por el mismo Chacón y por todos los editores.

Es imprescindible, pues, tratar de delinear una frontera más precisa entre *letrilla* y *romance,* por una parte, *letrilla* y *décimas,* por otra parte [1]. Desgraciadamente, si acudimos a las definiciones teóricas para resolver esas incertidumbres de la tradición, encontraremos en ellas la misma imprecisión y las mismas vacilaciones. El *Diccionario de la Real Academia*, por ejemplo, define la letrilla de la manera siguiente:

> Composición poética, amorosa, festiva o satírica, que se divide en estrofas, al fin de cada una de las cuales se repite ordinariamente como estribillo el pensamiento o concepto general de la composición, expresado con brevedad.

Es interesante comparar esta definición con la de Tomás Navarro Tomás:

> Composición octosílaba o hexasílaba, de asunto ligero o satírico, en forma de villancico o de romance con estribillo. (*Métrica española,* p. 530.)

La característica común de estas dos definiciones es la importancia que dan al contenido, "ligero o satírico" según Navarro Tomás, "amoroso, festivo o satírico" según

---

[1] Problema que Millé eludió en parte, mezclando las letrillas con las "otras composiciones de arte menor".

la Real Academia Española. Pero basta confrontarlas con el "corpus" de letrillas auténticas de Góngora para darse cuenta de su inadecuación. Completando una definición con otra, podremos admitir que se aplican a casi todas las letrillas líricas de la presente edición (I a VI, más o menos "amorosas", excepto la V), a las 17 letrillas satíricas (VII a XXIII), a las 13 burlescas (XXIV a XXXVI), que pueden ser también llamadas "ligeras" o "festivas"; pero estas definiciones excluyen el grupo más importante, el de las 23 composiciones sacras que siguen (XXXVII a LIX), y que todos los editores antiguos y modernos coincidieron en llamar *letrillas*. Si queremos, pues, que el contenido intervenga en la definición, tendremos que ensancharla todavía, y decir que la letrilla es una composición poética de asunto lírico ("amoroso"), satírico, burlesco ("ligero", "festivo") o sacro, es decir, que le convienen todos los asuntos propios de los metros cortos[2], lo cual, finalmente, será no decir nada: *omnis determinatio est negatio;* no es definición la que no excluye nada, y más vale, por consiguiente, prescindir de toda referencia a la naturaleza del asunto.

Ateniéndonos a consideraciones formales, es relativamente fácil encontrar una definición satisfactoria de la letrilla, si se tiene en cuenta que esta denominación es la de las colecciones manuscritas o impresas de *Obras completas* de Góngora[3], pero que en los numerosos manuscritos de *Poesías varias,* donde las letrillas andan mezcladas con poesías de otros géneros y de otros autores, se las

---

[2] Hay asuntos graves que, por naturaleza, exigen metros largos: sería difícil imaginar, en el siglo XVI, una letrilla heroica, por ejemplo.

[3] Tenemos la prueba de que el propio Góngora las llamaba así, ya que, en la famosa *Visita* ordenada por el obispo Pacheco en 1588, contestaba a la acusación que se le hizo de escribir "coplas profanas":

> Aunque es verdad que en el hacer coplas he tenido alguna libertad, no ha sido tanta como la que se me carga; porque las más *letrillas* que me achacan no son mías, como podría V.S. saber, si se mandase informar dello.

llama frecuentemente *villancicos*. Y, en efecto, no existe ningún motivo para distinguir, desde el punto de vista métrico, la letrilla del villancico. Habremos adelantado mucho hacia la solución del problema si admitimos que *villancico* y *letrilla* son dos nombres más o menos empleados según las épocas y los círculos literarios, pero que designan un molde lírico fundamentalmente idéntico, y si aplicamos al género poético que nos preocupa la definición del villancico elaborada por Navarro Tomás:

> Canción tradicional, generalmente en octosílabos o hexasílabos, formada por un estribillo de dos, tres o cuatro versos, un cuerpo de copla o mudanza que consiste de ordinario en una redondilla, y dos o más versos de enlace con la mudanza y de llamada o vuelta al estribillo. [4] (*Métrica española*, p. 535.)

Añádase que la letrilla puede tener cabeza (núm. IV, por ejemplo) o no tenerla (núm. XII), y que ésta puede volver a aparecer en su totalidad o sólo en parte en el

---

[4] Puede parecer sorprendente que Navarro Tomás no haya insistido en la identidad profunda de estos dos géneros poéticos, y que, al contrario, se haya empeñado en distinguirlos, apoyándose una vez más en consideraciones de fondo, y haciendo hincapié en el carácter satírico de la letrilla, que sería, según él, "su principal diferencia respecto al villancico" (*Métrica española*, pp. 270-271). Curiosamente, propone como ejemplos de villancico "No son todos ruiseñores" y "Absolvamos el sufrir", y como ejemplo de letrilla "Andeme yo caliente", sin advertir que estas tres poesías de Góngora fueron siempre consideradas como letrillas y, sobre todo, que entre sus dos modelos de villancico hay uno, "Absolvamos el sufrir", que es típicamente satírico, mucho más que la letrilla "Andeme yo caliente", que es burlesca.

Podemos preguntarnos si no obedeció a consideraciones del mismo tipo Adolfo de Castro, cuando puso entre las letrillas de Góngora los romances con estribillo citados arriba ("De unas enigmas que traigo" y "Cuál más, cuál menos"), netamente satíricos, mientras colocaba entre los romances "¡Oh, cuán bien que acusa Alcino!" y "Sobre unas altas rocas", de asunto amoroso. Pero entonces hubiera tenido que poner entre las letrillas el romance satírico "Trepan los gitanos" (*BAE*, XXXII, p. 522) y el típicamente "festivo" y "ligero" "Que se nos va la Pascua, mozas" (p. 532).

estribillo. De todas formas, y ésta sería quizá la modificación más importante de la definición que acabamos de leer, no se debe conceder a la forma del estribillo la importancia que le da Navarro Tomás ("dos, tres o cuatro versos"): hay estribillos (por lo menos en lo que toca a Góngora) que constan de un solo verso, o de una sola palabra, y otros que, al contrario, se extienden a lo largo de seis, siete, diez y hasta diecisiete versos [5]; además, es corriente que sean de versificación irregular.

Para situar la letrilla en el proceso histórico de la poesía española, se podría decir, simplificando mucho, que la canción de tipo tradicional ha ido evolucionando hacia formas más complejas, llamándose sucesivamente, y a veces simultáneamente, *zéjel*, *villancico* y *letrilla* (o *letra*). Se pueden resumir así, en efecto, las tres etapas de esta evolución:

1) *Zéjel*. Canción corta que aparece en el siglo x, cuyo esquema es el siguiente:

$$B$$
$$B \quad \ldots\ldots\ldots\ldots \text{cabeza}$$

$$A$$
$$A$$
$$A \quad \ldots\ldots\ldots\ldots \text{estrofa}$$
$$B$$
$$B \quad \ldots\ldots\ldots\ldots \text{estribillo}$$

Se llamará también *estribote*, *cantiga* (aunque las estrofas de las cantigas suelen ser más largas), *decir* y, alguna vez, *villancico*. No parece que Góngora haya escrito ningún zéjel (el género era ya bastante arcaico), pero entre las

_____

[5] Es lo que ocurre con algunas letrillas sacras. Por no haberse fijado en la extensión verdadera del estribillo (muchas veces resumido por un *etc.* en las colecciones antiguas), Adolfo de Castro y, más tarde, Foulché-Delbosc y Millé presentaron de una manera totalmente inadecuada algunas de ellas, confundiendo la cabeza con la estrofa, y ésta con el estribillo.

letrillas que se le atribuyeron hay dos (núms. LXXI y
LXXXI) que corresponden exactamente a este modelo
lírico.

2) *Villancico.* El nombre aparece por primera vez en
la obra del marqués de Santillana (siglo XV). La estrofa
es más larga que la del *zéjel,* y se ven más claramente las
tres partes que la componen: *mudanza* (rimas autóno-
mas), *enlace* (rima de enlace con el último verso de la
mudanza) y *vuelta* (rima de enlace con el estribillo):

C
D
D .... cabeza (variable)
C

A
B
B .... mudanza
A

A .... enlace
C .... vuelta

C .... estribillo (variable)

La cabeza y el estribillo pueden, hay que repetirlo, **variar**
mucho en cuanto a la extensión y a la versificación. El
elemento verdaderamente característico es la estrofa, o
copla. Muchas letrillas de Góngora corresponden exactamente a este esquema del villancico tradicional.

3) *Letrilla,* también llamada, a fines del siglo XVI y
principios del XVII, *letra* o *villancico.* Prolonga esta evolución; y la estrofa se hace más larga y compleja: las hay
de seis versos (semejantes a las del villancico tradicional),
ocho versos o diez versos. Lo que denota de manera indiscutible su parentesco con el villancico es la presencia, al
final de cada estrofa, de una rima de enlace y de una rima
de vuelta, es decir que el penúltimo verso de la estrofa

rima siempre con el precedente, y el último con el verso siguiente, que es el primero del estribillo. Si es fácil ver, pues, la diferencia entre la letrilla y las décimas (volveré sobre este punto un poco más lejos), no lo es menos comprender en qué se distingue del romance con estribillo: siendo a base de versos asonantados de romance (y, más precisamente, de grupos de dos, tres o más coplas de cuatro versos de romance) las estrofas de este tipo no tienen, por definición, nada que se parezca a las rimas de vuelta y de enlace. Conviene, por consiguiente, considerarlas como un caso particular de romance, y clasificarlas con los demás romances, como hicieron, en la mayoría de los casos, todos los recopiladores del siglo XVII [6].

Si ahora examinamos las 59 letrillas auténticas de Góngora, veremos que casi todas pertenecen a uno de los tres grupos siguientes:

1) Estrofa de seis versos. Es el esquema del villancico tradicional definido arriba. A este tipo pertenecen 18 letrillas (30 por 100).

2) Estrofa de ocho versos:

A
B
B
A
A
C
C
D

Hay 30 letrillas de este tipo (51 por 100).

[6] Me refiero al acuerdo general que se verifica en la mayoría de los casos, y no a las contadas excepciones que he señalado arriba. No se debe perder de vista que Góngora escribió nada menos que 32 romances con estribillo.

3) Estrofa de diez versos:

A
B
B
A
A
C
C
D
D
E

Corresponden a este esquema 5 letrillas (8 por 100). Nótese la diferencia entre esta última estrofa y las décimas tradicionales, aunque tengan estribillo como ocurre algunas veces: la décima forma un todo perfecto desde el punto de vista de la rima, porque su último verso no es verso de vuelta: *a b b a a c c d d c.* Al contrario, la estrofa de la letrilla es imperfecta si se la separa de su estribillo, porque el último verso queda sin rima.

Quedan seis letrillas que no corresponden exactamente a estas tres categorías: cuatro de ellas (VII, X, XIX, XLII) tienen estribillos alternos; una (IX), que puede ser considerada como variante del primer tipo, tiene el verso de vuelta más corto y siempre igual, como si formara parte del estribillo[7]; la última, por fin (XLVII), de forma irregular, no se puede propiamente llamar letrilla: es una *ensalada,* mezcla caprichosa de estrofas irregulares y de estribillos diversos, y sólo por razones excepcionales (por ser la única ensalada que escribió Góngora, y para no separarla del conjunto de poesías navideñas del que forma parte), me he conformado a la norma de las ediciones antiguas, admitiéndola en este volumen de letrillas.

---

[7] Se encuentra con bastante frecuencia este tipo de letrilla (o de villancico, como se quiera) fuera de la obra de Góngora.

Es posible ahora justificar las modificaciones, muy escasas por cierto, que se han adoptado. Se han admitido, por las razones que acabo de exponer, dos composiciones tradicionalmente editadas como décimas: "Ya de mi dulce instrumento" (XIX) y "Una moza de Alcobendas" (XXXII), porque son indiscutiblemente letrillas. En cambio se han excluido las siguientes, que algunos recopiladores consideraron, o parecieron considerar como letrillas:

1)   Once romances con estribillo:

> Busqué para enamorarme.
> Cuál más, cuál menos.
> De amor con intercadencias.
> De unas enigmas que traigo.
> Echate mozo.
> En el almoneda.
> ¿Hay quien compre un juguete?
> Madrugaba entre las flores.
> Pregono, pregono.
> Quien tiene el tejado de vidrio.
> Todo se murmura.

Adviértase que, salvo el último, ninguno de estos romances es auténtico.

2)   La poesía "Hiedra vividora" (Millé, 186), que no es exactamente una letrilla, aunque tiene todas las características del género, sino la "letra para cantar" con que termina el romance "Al pie de un verde mirto", de 1620 (Millé, 81). El manuscrito Chacón es el único en considerarla como poesía independiente.

3)   La glosa "¿Para qué me dais tormento?" (Millé, 185).

4)   Las décimas con estribillo "De un monte en los senos, donde" (Millé, 118).

5)   La ensalada "De su esposo Pingarrón" (Millé, XX), porque no es letrilla y porque es apócrifa.

⋆⋆

Una vez delimitadas las fronteras del género, y después de recogidas todas las letrillas que andan, en manuscritos e impresos, bajo el nombre de Góngora, nos encontramos ante un conjunto de 109 poesías que, desde luego, no son todas auténticas. Queda, pues, otro problema insoslayable: el de la determinación de criterios que permitan separar las poesías auténticas de las demás. Hay que tener en cuenta que se atribuyeron a Góngora, a partir de los primeros años de su producción poética, cantidades de poesías, principalmente de letrillas, que manifiestamente no eran suyas; ya en 1588 se quejaba de ello en su famosa contestación a la encuesta del obispo de Córdoba. Se mantuvo esta tendencia de sus aficionados durante toda su vida y después: editores del siglo xvii y eruditos del xix siguieron acrecentando ese caudal de poesías atribuidas, al que se añadieron otras todavía en el siglo xx [8].

Es cierto que gran parte de esas poesías atribuidas son apócrifas, pero tampoco es posible, por otra parte, atenerse a las que están en el manuscrito Chacón, ya que sabemos que su autor no consiguió reunir todas las poesías de Góngora que andaban dispersas y que, de todas formas, rechazó algunas composiciones auténticas por su carácter polémico y personal (contra Quevedo, por ejemplo). También se debe tener en cuenta que algunas poesías, recogidas por Chacón después de la muerte de don Luis y reconocidas como auténticas por sus amigos, fueron rechazadas sin razón por Foulché-Delbosc en su edición de 1921, e incluidas luego entre las "atribuibles", mezcladas con otras de autenticidad mucho más sospechosa, por Millé. Es necesario, pues, andar con mucho tiento para no dejar penetrar ninguna poesía dudosa entre las obras auténticas de Góngora, sin menoscabar, por otra parte, su capital poético por exceso de desconfianza.

---

[8] Véase, por ejemplo, la nota XVI de Millé en su edición de las *Obras completas*: la atribución infundada del romance "¡Ah, qué dellos ha espantado!" le dio pie para achacar a Góngora once poesías más.

No voy a desarrollar aquí otra vez los argumentos que expuse más extensamente en mi edición crítica. Sólo daré las conclusiones, proponiendo que se consideren como auténticas las 59 composiciones siguientes:

1) Las 54 letrillas del ms. Chacón, recogidas con la colaboración del propio Góngora, que indicó, además, la fecha de composición de cada una [9].

2) Las cuatro letrillas que se hallan, sin fecha, al final del tomo II del mismo manuscrito, entre las *Obras que comúnmente se han tenido por de don Luis, y hasta después de su muerte no habían llegado a manos de don Antonio*:

> Hágasme tantas mercedes.
> Que pretenda el mercader.
> Ya que rompí las cadenas.
> Tenga yo salud.

Aunque no fueron autorizadas por Góngora, no hay ningún argumento, interno o externo, para poner en duda su autenticidad [10].

3) La letrilla "Arroyo, ¿en qué ha de parar?", excluida por Chacón a causa de su carácter satírico personal.

⁎⁎

Quedan cincuenta letrillas que fueron atribuidas a Góngora en manuscritos y ediciones antiguas, o más recien-

---

[9] Todas las fechas de Chacón deben ser consideradas como exactas. Sólo se ha podido demostrar un error de dos años en la datación de la letrilla XIII, que es de 1593 y no de 1595.

[10] Sobre las razones infundadas que llevaron a Foulché-Delbosc a editar la tercera y rechazar las otras tres, véase mi ed. crítica, pp. IX-X. Es preciso añadir que, entre las doce poesías que figuran en esta parte del ms. Chacón, todas no pueden ser admitidas a ciegas: hay, en particular, algunos romances de autenticidad mucho más dudosa. Véase Millé, apéndice VIII.

temente, como se dijo arriba. Conviene decir primero que todas deben ser consideradas como sospechosas, e insistir para que los que quieran estudiarlas (muchas de ellas, en efecto, no carecen de interés) no pierdan nunca de vista que se trata de piezas cuya autenticidad no ha podido ser establecida y que, muy verosímilmente, salvo quizá dos o tres casos, no son de Góngora.

Ya se pueden excluir las 21 que han sido clasificadas bajo la rúbrica *apócrifas*, porque corresponden a uno de los casos siguientes:

1) Fueron rechazadas por el propio Góngora, como podemos saberlo por el índice de Chacón [11] o por las escasas anotaciones autógrafas que figuran en los márgenes del ms. M [12].

2) Fueron rechazadas por aficionados del siglo XVII que conocían bien la obra de Góngora: algunas figuran en el mismo índice de Chacón, donde cuidadosamente se distinguen las que fueron rechazadas por Góngora y las que lo fueron por sus amigos; otras en el ms. AP [13]. Indicaciones semejantes nos están proporcionadas por el ms. N, en el cual algunas poesías fueron tachadas por un gongorista, al parecer, bien enterado.

El *Escrutinio,* tan útil en muchos casos de este tipo, no sirve para las letrillas: su autor dejó sin examinarla, deliberadamente al parecer, esta parte de la edición Hoces.

---

[11] "Indice de los primeros versos de las obras que D. Antonio Chacón ha hallado entre las de D. Luis. Las que no tienen señal alguna en la margen halló D. Antonio en vida de Don Luis. Las que llevan esta señal ¶, después. Aquéllas desconoció él, éstas sus amigos. Y en muchas de unas y de otras se conocen autores ciertos. Sirva de aviso para que no se tengan por de D. Luis todas las que se le prohijaren sin bastante certidumbre de que son suyas." Indice reproducido en la ed. Millé, apéndice VI.

[12] Estudiado por Dámaso Alonso, *Puño y letra de don Luis de Góngora en un manuscrito de sus poesías,* en *Estudios y ensayos gongorinos,* pp. 251-262.

[13] Véase Millé, apéndice VII.

3) Acudiendo a la fuente utilizada por los recopiladores, se puede comprobar que se trata en realidad de poesías anónimas mezcladas con otras de Góngora o termi-
nantemente atribuidas a él: es el caso de ciertas atribuciones de *El trovador español* (Madrid, 1841), de Lustonó
(*Cancionero de obras de burlas...*, Madrid, 1872), y de
Foulché-Delbosc (*Poésies attribuées..., RH,* 1906) quien,
por una utilización inconsiderada de los mss. Y y Z, añadió
unas 15 poesías a ese caudal de atribuciones.

Ha sido posible encontrar el origen de este tipo de error
para tres letrillas. Lo mismo hicieron, seguramente, los recopiladores del siglo XVII al atribuir a Góngora algunas poesías anónimas que, en el *Romancero general* de 1604, andaban mezcladas con otras suyas; pero, como no tenemos
la prueba de que esas atribuciones antiguas no se apoya-
ban en otras fuentes, es imposible, de momento, decla-
rarlas apócrifas.

4) Se atribuyen con fundamento a otro autor: es el
caso de las letrillas CVI, CVII y CIX, que andan en todas
las ediciones de Quevedo.

Se podría añadir un quinto caso: el de las poesías escritas antes de 1580 o después de 1626, ya que estas fechas
marcan los límites cronológicos de la producción poética
de Góngora. Pero, por falta de documentos, este criterio
no ha podido aplicarse a ninguna letrilla, aunque es muy
verosímil que entre las atribuidas, algunas, de estilo muy
arcaico, sean anteriores a 1580.

Mientras no se adelante más en el conocimiento de la
poesía del Siglo de Oro, las demás letrillas de esta edición
(29 en total) deberán considerarse como meramente atribuidas. *Atribuidas* y no *atribuibles*: esta imprudente denominación de Millé ha originado un montón de confusiones
contra las que urge reaccionar.

⁎⁎⁎

Volviendo a las 59 letrillas auténticas, queda por resolver todavía otro problema: el de su clasificación interna.

El ms. Chacón agrupa las poesías de Góngora según los conceptos siguientes: *sacro, heroico, moral, fúnebre, amoroso, satírico, burlesco* y *vario*. Estas ocho categorías se reducen a seis para las letrillas, género poco apto a desarrollar temas heroicos o fúnebres. Teniendo en cuenta que Chacón discierne una sola letrilla *moral* ("Aprended, Flores, en mí") y tres *varias* ("Vuela, pensamiento, y diles", "No son todos ruiseñores", "Da bienes Fortuna"), es bastante fácil simplificar todavía esta clasificación, sobre todo si se sustituye "amoroso" por "lírico", de mayor extensión: así se obtiene una clasificación en cuatro categorías (*lírico, satírico, burlesco, sacro*), idéntica a la que utilizan muchos manuscritos.

Pero, llegando al momento de aplicar estos cuatro conceptos, nos encontramos otra vez, como cuando se trataba de definir la letrilla, frente a una serie de discrepancias que nos obligan a examinar esas nociones desde más cerca. La letrilla "Cada una estornuda", por ejemplo, es burlesca según Chacón, y satírica según Vicuña; el ms. K considera como satíricas tres letrillas ("¿Qué lleva el señor Esgueva?", "¿Por qué llora la Isabelita?", "A toda ley, madre mía") que Chacón coloca entre las burlescas [14], etcétera. En conjunto, pasa lo mismo con las letrillas que con los romances o los sonetos: hay discrepancias en un 10 por 100 de casos, hallándose la verdadera dificultad en la distinción entre *satírico* y *burlesco* [15].

[14] En cuanto a Hoces, parece haber confundido deliberadamente los géneros y ocultado lo más posible las letrillas satíricas, mezclándolas con las burlescas o las varias, para no llamar la atención de la censura. Sobre los ardides de Hoces para poder sacar a luz poesías censuradas, véase el apéndice primero (pp. 639-645) de mis *Etudes...*

[15] Sabemos, gracias a Chacón (t. I, preliminares), que don Luis admitía la denominación de *burlesco*:

> El nombre que se da de "burlescas" a las que lo son va, como lo demás, espuesto a las censuras de los que, por latino, quizá admitieran menos el de "jocosas". Pero ni nuestra lengua tiene otro adjetivo desta significación, ni don Luis extrañó éste en los ejemplares que permitió de sus obras (si bien jamás asistió a la disposición de alguno).

La definición que he adoptado se apoya en los criterios objetivos que se pueden deducir del análisis de las colecciones antiguas, y que expuse hace algunos años en mi estudio de conjunto de la poesía de Góngora [16]. Todo lo que se llama satírico en el Siglo de Oro estriba en un sistema de valores que, fundamentalmente, no difieren de los valores de la ideología dominante: la cobardía, la ignorancia, la mentira, la codicia, todos los vicios denunciados por los moralistas y predicadores, todos los pecados capitales y, a otro nivel, las manías o costumbres ridículas son o pueden ser materia de sátira (lo cual no significa que la sátira sea, por definición, un instrumento al servicio de la clase dominante, ya que puede alcanzar a los oficios, las dignidades o las personas más representativas de esa clase). En cambio, es burlesco todo lo que se apoya en un sistema de valores más o menos directamente opuesto al de la ideología dominante: en el Siglo de Oro, el elogio del vino, de la pereza, del sueño, del amor físico, de todo lo carnal y material, o de todo lo feo (esencialmente lo escatológico) pertenecen a la literatura burlesca; toda reacción contra el idealismo dominante (en materia de amor, por ejemplo) es automáticamente burlesca. El hecho de que la literatura satírica pueda ser dirigida contra la clase dominante, por una parte, y que, por otra parte, el sistema de antivalores en que estriba la literatura burlesca no pueda ser tomado totalmente en serio por el autor, ni por el público, explica que los dos géneros, aunque tienen puntos de partida teóricamente opuestos, sean en realidad complementarios más que contradictorios: se encaminan hacia el mismo fin y corresponden, en el mismo autor, a una actitud más o menos crítica, pero perfectamente coherente: así se explica que haya, a veces, algunas vacilaciones sobre la clasificación exacta de tal o cual poesía [17].

[16] *Etudes sur l'oeuvre poétique de don Luis de Góngora y Argote*, pp. 39-48.
[17] Si la letrilla "A toda ley, madre mía", que reúne tantos temas satíricos tradicionales, es considerada, sin embargo, como burlesca

La presente edición resume en parte la edición crítica que publiqué en París en 1963: se han suprimido casi todas las variantes, conservándose únicamente las más importantes, principalmente cuando podían aclarar una duda o dar base a una interpretación diferente.

Los profesionales de la crítica textual, tan aficionados a los "stemmas", extrañarán quizá que no se haya dado ninguna indicación sobre la filiación de los manuscritos, lo cual hubiera permitido, sin duda, limitar el número de fuentes utilizadas. Es que, en lo que toca a la poesía de Góngora, no se puede razonar por colecciones de obras completas, sino por poesías sueltas, y a veces por estrofas o por fragmentos: es decir que, las más veces, resulta casi imposible establecer entre dos manuscritos un paralelo completo que permita colocarlos definitivamente uno encima de otro en un árbol genealógico; aunque no faltan los parentescos evidentes, no son más que filiaciones parciales, y aparecen siempre diferencias y novedades en el manuscrito que hubiera podido considerarse como copia. Se podría decir que cada poesía de Góngora tuvo su aventura individual, su transmisión propia, imposible, las más de las veces, de reconstituir, de manera que se deben tener en cuenta todas las fuentes, hasta las más mediocres. Esta es la paradoja permanente de la creación gongorina: el extraordinario cuidado con que se compuso cada poesía, cada copla, cada verso (en una época de abundancia y facilidad poéticas), y el increíble descuido de su autor en todo lo que tocaba a la transmisión, y hasta a la mera conservación de su obra. Después de recorrer tantos códices diferentes, lamentar desapariciones o lagunas y, a

---

por Chacón, es seguramente a causa de su marcado carácter erótico. Tampoco le faltaría fundamento al colector del ms. K para colocar entre las letrillas satíricas "¿Qué lleva el señor Esgueva?", considerada por los contemporáneos de Góngora (Jáuregui, Quevedo) como el colmo de lo escatológico, y que debía, por lo tanto, andar normalmente entre las burlescas: es que, en efecto, esta serie de chistes sobre el maloliente y asqueroso Esgueva constituye, al mismo tiempo, una sátira de la Corte que encaja perfectamente con las demás poesías satíricas que Góngora escribió sobre este tema.

veces, tener la suerte de encontrar, cuatro siglos después, versos auténticos que el propio don Luis buscó en vano, uno adquiere la convicción de que se debe tomar al pie de la letra la afirmación de don Antonio Chacón: "Fueron raras las que escribió de su mano. Y en su poder jamás conservó alguna." No se debe extrañar, pues, que, aunque escogí como texto de base el de Chacón, por ser el más autorizado, no haya vacilado en apartarme de él con bastante frecuencia (indicándolo siempre en nota), cada vez que otra fuente ofrecía un texto indiscutiblemente mejor [18].

ROBERT JAMMES

[18] Hay diez letrillas en las que aparecen entre corchetes coplas que no se hallan en Chacón. Ténganse en cuenta las advertencias que puse en nota en cada caso, porque no pueden ser consideradas todas como auténticas: algunas parecen proceder de una versión primitiva que el autor abandonaría luego, y otras fueron seguramente añadidas por imitadores desconocidos.

NOTICIA BIBLIOGRÁFICA

Se han conservado las siglas de la edición crítica de 1963. Las versales designan los manuscritos y las minúsculas los impresos. Los signos ' y " que aparecen alguna vez en las variantes corresponden a dos versiones diferentes del mismo texto en el mismo volumen: M' y M", v' y v", etc. Salvo indicación contraria, los manuscritos son del siglo XVII.

A   (Alba). B.N.M., 4075. *Varias poesías de don Luis de Góngora.* Estudiado por Millé en *R.F.E.*, 1933, XX, pp. 363-389.

AA   (Alcalde de Almería). B.N.M., 19004. *Versos satyricos del gran Don Luis de Góngora...*, *que por lo satyrico no se an impresso con las demás obras suyas.* Copiado por el Alcalde mayor de Almería en 1663.

AC   (Adolfo de Castro). R.A.E., 22. *Obras poéticas de Don Luis de Góngora, natural de Córdoba y Racionero en su Santa Yglesia.* Regalado a la Academia en 1872 por A. de Castro.

AL   (Alava). Ms. perdido, que pertenecía a José María de Alava, y del que Adolfo de Castro copió las variantes que están al final del tomo XLII de la *B.A.E.* (pp. 595-598).

AP   (Angulo y Pulgar). B.N.M., 3906. *Manuscrito de Don Martín de Angulo, con varias poesías de Don Luis de Góngora y Argote.* Muy utilizado por todos los gongoristas modernos: L.-P. Thomas, A. Reyes, M. Artigas, D. Alonso, etc.

AS (Aguilera y Santiago). Biblioteca Menéndez y Pelayo de Santander, 141 (93 del *Catálogo* de Artigas). Poesías de Góngora y de otros. Las inéditas fueron publicadas por Ignacio Aguilera en 1928 (*Bol. Bib. Men. Pel.*, X, pp. 132-149).

au (Aubrun). Cancionero de la Casanatense (Roma) y Cancioneros de la Biblioteca Estense (Módena), publicados por Ch. V. Aubrun (*B. Hisp.*, 1949, LI, pp. 269-290, y 1950, LII, pp. 313-374).

B (Barcelona). Bib. Universitaria de Barcelona, 147 (20-5-11). *Quaderno de varias poesías de Don Luis de Góngora.* Utilizado por Millé (sigla *Barc.*) en su ed. de las *Obras completas.*

ba (Biblioteca Ambrosiana). Romancerillos publicados por Foulché-Delbosc (*Revue Hispanique,* 1919, XLV, pp. 510-624).

bae (Biblioteca de Autores Españoles). Tomo XXXII, páginas 425-553: *Poesías de D. L. de Góngora y Argote.* El texto, establecido por Adolfo de Castro, deriva generalmente de *h.*

BARB (Barbieri). B.N.M., 14070. *Papeles de Barbieri.*

bra (Brancacciana). Romancero publicado por Foulché-Delbosc (*R.H.,* 1925, LXV, pp. 345-396).

BF (Böhl de Faber). B.N.M., 861. *Canciones místicas.* Contiene también poesías profanas.

BL (Blecua). Seminario San Carlos de Zaragoza, ms. B.3.9. Ms. de obras completas de Góngora, estudiado por José Manuel Blecua, quien publicó todas las variantes que contiene en *Castilla,* t. II, fasc. III y IV, pp. 5-55. Texto muchas veces parecido al de los mss. I, J, K, L, PR y RM.

BUB (Biblioteca Universitaria de Barcelona, ms. 125). Foulché-Delbosc publicó las poesías inéditas que contenía (*Romancero de Barcelona,* en *R.H.,* 1913, XXIX, páginas 121-194), pero no estudió las variantes de las poesías ya impresas.

ca *(Cancionero antequerano).* Publicado por Dámaso Alonso y Rafael Ferreres.

CC   (Catedral de Córdoba, ms. 196). Ms. perdido, conocido únicamente por la descripción y los extractos de Gallardo, *Ensayo,* IV, núm. 4434.

CH   (Chacón). B.N.M., Vitrinas (t. 1) y R. 45-46 (t. 2 y 3). *Obras de D. Luis de Góngora, reconocidas y comunicadas con él por D. Antonio Chacón Ponce de León, señor de Polvoranca.* El más importante de los mss. de poesías de Góngora. Sirvió de base a la ed. de Foulché-Delbosc y, a través de ésta, a la de Millé.

CO   (Córdoba). Bib. de la Dip. Prov. de Córdoba, ms. 74. *Poesías de Góngora.* Pertenecía al marqués de Cabriñana. Fue utilizado por Ramírez de las Casas-Deza.

CR   (Copia del Romancero). B.N.M., 7149. Copia del siglo XIX del *Romancero general* y de varios mss. desconocidos.

CRI   (Criticón). B.N.M., 3972. *Versos de Góngora.* Descrito por Antonio Rodríguez-Moñino en *El Criticón,* 1935, II, pp. 50-56.

da   (*Delicias de Apolo,* Madrid y Zaragoza, 1670.)

de   (Duque de Estrada). *El cancionero de Mathías Duque de Estrada.* Estudiado por Mele y Bonilla en *R.A.B.M.,* 1902, VI, pp. 141-155 y 299-328.

dp   *Delicias del Parnaso, en que se cifran todos los romances... glosas y décimas satíricas del... prodigioso don Luis de Góngora.* 1630, 1634, 1640, 1643. Texto muy semejante al de *h.*

E   (Estrada). Bib. de la Fundación Lázaro Galdiano, Madrid. *Las obras... del gran Luis de Góngora... corregidas de los vicios que hasta ahora padecen las impressiones todas...* Descrito por Foulché-Delbosc (*R.H.,* VII, 1900, pp. 485-502) a quien perteneció. De la misma familia que R y AP.

ea   (Eugenio Asensio). Pliego suelto editado en Barcelona en 1616, y vuelto a editar en 1949 por Eugenio Asensio en *Bibliografía hispánica,* VII, 1949, pp. 165-174. Véase la letrilla XCVI.

F   (Faría). B.N.M., 2892. *Obras de D. Luis de Góngora... escritas de mano de Manuel de Faría y Sousa.* Utilizado por Millé.

FC   (Fernández de Castro). B.N.M., 4140. Poesías varias.

fd   (Foulché-Delbosc). *Obras poéticas de D. Luis de Góngora*. New-York, 1921, 3 vols.

GA   (Góngora, Argensola). B.N.M., 10537. *Poesías de D. Luis de Góngora y Bartolomé Leonardo de Argensola.*

GI   (Gillet). Bib. de Bryn Mawr College. Ms. de obras completas de Góngora, descrito por J. E. Gillet (*R.H.*, 1925, LXV, pp. 150-152). No lo he visto; parece ser de la misma familia que BL, I, J, K, L, PR, RM.

GO   *(Guirnalda odorífera)*. B.N.M., 4117. Ms. de poesías varias. Lleva fecha de 1603. Estudiado y transcrito por Henry Bonneville (Tesis doctoral mecanografiada, Burdeos, 1969).

GP   (Gabriel de Peralta). B.N.M., 4072. Poesías varias. Copiado en Córdoba por Gabriel de Peralta a partir de 1588.

h   (Hoces). *Todas las obras de Don Luis de Góngora en varios poemas. Recogidos por Don Gonzalo de Hozes y Córdova.* Madrid, 1633, 1634, 1654. La "vulgata" de las obras de Góngora durante más de dos siglos.

I   (Iriarte). Biblioteca de la Fundación Lázaro Galdiano, Madrid. Ms. de obras completas de Góngora. Perteneció a Salvá y a Heredia, y fue descrito por Foulché-Delbosc (*R.H.*, VII, 1900, pp. 502-504). Emparentado con BL, J, K, L, PR, RM.

J   B.N.M., 4118. *Obras varias poéticas de D. Luis de Góngora y Argote*. Véase I.

K   B.N.M., 4130. *Quaderno de varias poesías de D. Luis de Góngora*. Véase I.

L   B.N.M., 4269. *Góngora. Fábulas manuescriptas*. Véase I.

la   *Laberinto amoroso de los mejores romances...* Barcelona, 1618. Reeditado por J. M. Blecua en 1953.

LAZ   (Lázaro Galdiano, ms. 538). *Cuaderno de varias poesías de Góngora*. 18 fos.

M   (Montaner). *Luis de Góngora. Obras en verso*. Descrito por Gallardo (núm. 4436), vino a parar a la biblioteca de Arturo Sedó, y está ahora en la del *Institut del Teatre* de Barcelona. Es el único ms. que tiene anotaciones y correcciones autógrafas de Góngora. (Véase Dámaso Alonso, *Estudios...*, pp. 251-262.)

mar   *Maravillas del Parnaso*, Lisboa, 1637.

MD   (Moñino, ms. destrozado). Fragmentos de un ms. del siglo XVII recogidos por Antonio Rodríguez-Moñino, quien me lo comunicó cuando acababa de encontrarlo, después de la publicación de mi ed. crítica.

ME   (México). B.N.M., 19387. *Cartapacio de diferentes versos a diversos asuntos, por el año de 1598 y los siguientes.* Tiene poesías de asunto americano.

mg   (Millé Giménez). Luis de Góngora y Argote, *Obras completas.* Madrid, Aguilar, 1932.

MI   (Miola). B.N. de Nápoles, Ms. I-E-42, descrito por Alfonso Miola en 1895 (*Notizie di manoscritti neolatini della Biblioteca Nazionale di Napoli*, p. 49).

MLG   (Martín Luis Guzmán). B.N.M., 7746. *Poesías de varios.* Utilizado por Martín Luis Guzmán, *Cuatro sonetos atribuidos a Góngora* (*R.H.*, XLI, 1917, pp. 680-683).

N   B.N.M., 19003. *Poesías de D. Luis de Góngora en todo género de versos castellanos... Año de M.DC.XXX.* Algunas poesías fueron tachadas por un lector del siglo XVII que, al parecer, conocía bien la obra de Góngora.

NB   (Nicolás Bernal). Biblioteca Colombina de Sevilla, Ms. 84-2-9 (445-11). Ms. de obras completas copiado por un tal Nicolás Bernal en 1632.

OA   B.N.M., 3168. Cancionero de fines del siglo XVI. Estudiado y transcrito por Yvan Lissorgues (Toulouse, Tesis doctoral mecanografiada, 1972).

OB   B.N.M., 3907. *Poesías de los Argensola, Góngora y otros poetas.*

OD   B.N.M., 3985. *Poesías diversas.*

OE   B.N.M., 4124. *Papeles diferentes.*

OF   B.N.M., 3797. *Poesías manuescritas*, 3. Véase Y y Z.

OG B.N.M., 3884. *Poesías varias, tomo I*. Primer volumen de una serie de diez mss. poéticos (3884-3893. Véase OI).

OH B.N.M., 3913. *Parnaso español, tomo II*. Forma parte de una serie antigua de 14 vols., de la que quedan actualmente 11 (3912-3922. Véase PE, PEIV, PEVI, PEX, OJ).

OI B.N.M., 3890. *Poesías varias, tomo VII*. Véase OG.

OJ B.N.M., 3922. *Parnaso español, tomo XIV*. Véase OH.

OK B.N.M., 17557. *Poesías varias*. Ms. de fines del siglo XVI, estudiado y transcrito por Louis Barbe (Besançon, Tesis doctoral mecanografiada, 1973).

P B.N.M., 8645. *Obras poéticas de el ynsigne D. Luis de Góngora, natural de Córdova*.

PAZ (Paz y Melia). B.N.M., 3811. Poesías varias. Las de Góngora parecen copiadas de un impreso (¿Hoces?).

PE (Parnaso español). B.N.M., 3919. *Parnaso español, t. VIII*. Véase OH y SVA.

PEIV B.N.M., 3915. *Parnaso español, t. IV*. Véase OH. Ms. estudiado y transcrito por Pierre Alzieu (Toulouse, Tesis doctoral mecanografiada, 1978).

PEVI B.N.M., 3917. *Parnaso español, t. VI*. Véase OH.

PEX B.N.M., 3920. *Parnaso español, t. X*. Véase OH.

pf *Primavera y flor de los mejores romances*. Madrid, 1621. Vuelto a editar por José F. Montesinos, Castalia, 1954.

pg *Poesías varias de grandes ingenios españoles, recogidas por Josef Alfay*. Zaragoza, 1654. Vuelto a editar por J. M. Blecua, Zaragoza, C.S.I.C., 1946.

pi (Pisa). *Les romancerillos de Pise* (Foulché-Delbosc, *R.H.*, 1925, LXV, pp. 160-263).

PR (Palacio Real). Biblioteca del Real Palacio de Madrid, Ms. 2801. *Quaderno de varias poesías de D. Luis de Góngora*. De la misma familia que BL, I, J, K, L, RM. El mejor en lo que concierne la poesía sacra.

PV (Poesías varias) Bib. del Real Palacio de Madrid, ms. 1577. *Poesías varias, t. I*. Primer tomo de una serie de cinco mss. (1577-1581), estudiados por Ramón Menéndez Pidal (*Cartapacios literarios salmantinos del siglo XVI,* en *B.R.A.E.,* I, 1914, pp. 151-170 y 300-320).

PVV   (Poesías varias, V). Bib. del Real Palacio de Madrid, ms. 1581. *Cartapacio... Començóse a 9 de agosto, año de 1593.* Véase PV.

Q   B.N.M., 11318 (12). Letra del siglo XVIII. Es copia de un ms. gongorino más antiguo.

R   (Rennert). Ms. descrito por H. Rennert en *R.H.,* 1897, IV, pp. 139-173. Parece ser de la misma familia que AP y E.

RAV   (Ravena). Biblioteca Classense, ms. 263. *Libro romanzero de canciones... para passar la siesta a los que para dormir tienen la gana. 1589.* Lo describió Restori en 1902.

rcd   (Ramírez Casas Deza). *Poesías escogidas de D. Luis de Góngora y Argote... por D. Luis María Ramírez y las Casas Deza.* Córdoba, 1841.

RCD   (Real Academia, ms. 23). Ms. de la segunda ed. de *rcd,* que no llegó a imprimirse. Fecha: 1866. Fue plagiado por Foulché-Delbosc.

rg   (Romancero general). *Romancero general* de 1600 y 1604. 1) Partes I a IX: Antonio Rodríguez-Moñino, *Las fuentes del Romancero general de 1600,* Madrid, R.A.E., 1957. 2) Partes X a XIII: ed. de Angel González Palencia, Madrid, C.S.I.C., 1947.

rgm   (Romancero general de Madrigal). *Segunda parte del romancero general, y flor de diversa poesía.* Valladolid, 1605. Reedición de J. de Entrambasaguas, Madrid, 1948.

RM   (Rodríguez-Moñino). *Varias poesías de Don Luis de Góngora.* Ms. de la bib. de Antonio Rodríguez-Moñino. Véase I.

RMM   Otro ms. de la bib. de A. Rodríguez-Moñino. *Obras de Góngora.* Algunas poesías de CR proceden de este ms.

SA   (Sánchez Alonso). B.N.M., 3700. *Poesías diversas.* Utilizado por Benito Sánchez Alonso, *Las poesías inéditas e inciertas de Quevedo,* en *R.B.A.M. del Ayuntamiento de Madrid,* IV, 1927, pp. 124-146 y 387-431.

sab   (Sablonara). *Cancionero musical y poético del siglo XVII, recogido por Claudio de la Sablonara, y transcrito en notación moderna por el maestro D. Jesús Aroca*. Madrid, R.A.E., 1916.

SV   (Sátiras varias). B.N.M., 9636. *Obras poéticas y satíricas de varios autores*. Véase SVA.

SVA   (Sátiras varias). B.N.M., 10920. *Papeles curiosos, M.S., 35*. Siglo XVIII. Los mss. PE, SV y SVA tienen la misma procedencia.

T   B.N.M., 20620. *Libro de versos varios a diversos autores compuestos*.

v   (Vicuña). *Obras en verso del Homero español, que recogió Juan López de Vicuña...* Madrid, 1627. Primera ed. de las obras de Góngora, censurada por el Pe. Pineda y por el Pe. Horio, y recogida por la Inquisición. Ed. moderna de D. Alonso (Madrid, 1963), con el texto de las dos censuras.

VIT   (Vitoria). Bib. del Seminario de Vitoria, ms. 88. *Papeles varios*. La parte gongorina de este cartapacio es copia del siglo XIX.

XV   (1615). *Cancionero manuscrito de 1615*. Bib. de A. Rodríguez-Moñino. Véase su descripción en *N.R.F.H.*, XII, pp. 181-198.

Y   B.N.M., 3795. *Poesías manuescritas, 1*. Véase Z.

Z   B.N.M., 3796. *Poesías manuescritas, 2*. Véase OF. Estos tres mess. (Y, Z, OF) constituyen una de las más importantes colecciones de poesías del Siglo de Oro.

BIBLIOGRAFÍA SELECTA

El lector encontrará una bibliografía general suficiente en el volumen número 1 de esta misma colección (Góngora, *Sonetos completos,* ed. de Biruté Ciplijauskaité, pp. 32-42). Me limito pues a indicar aquí lo estrictamente indispensable para la identificación de las obras más frecuentemente citadas en las notas de la presente edición.

1. Alemany y Selfa, Bernardo. *Vocabulario de las obras de don Luis de Góngora y Argote.* Madrid, R.A.E., 1930. 1.027 p.

2. Alín, José María. *El cancionero español de tipo tradicional.* Madrid, Taurus, 1968. 787 p.

3. Alonso, Dámaso. *Estudios y ensayos gongorinos.* Madrid, Gredos, 1955. 619 p. (*Biblioteca románica hispánica.* Estudios y ensayos, 18.) Véase también número 12.

4. Asensio, Francisco. *Segunda parte de la Floresta española...* Madrid, 1730. Véase el número 8.

5. Castro, Adolfo de. Véase el número 13.

6. Correas, Gonzalo. *Vocabulario de refranes y frases proverbiales (1627).* Ed. Louis Combet, Université de Bordeaux, 1967. XXXV-799 p.

7. *Escrutinio sobre las impresiones de las obras poéticas de don Luis de Góngora.* Se encuentra al final de la ed. Millé, Apéndice V. Véase el número 15.

8. *Floresta general.* Ed. Pablo Oyanguren. Madrid, 1910-1911. 2 vols. (*Sociedad de bibliófilos madrileños,* t. III y IV. Incluye el contenido de los núms. 4 y 23).

9. *Floresta de poesías eróticas del Siglo de Oro,* recopiladas por Pierre Alzieu, Robert Jammes, Yvan Lissorgues. Université de Toulouse - le Mirail, France-Ibérie Recherche, 1975. XXIV-363 p.

10. Foulché-Delbosc, Raymond. *Poésies attribuées à Góngora,* en *Revue hispanique,* 1906, XIV, pp. 71-114. Véase también el número 14.

11. Gallardo, Bartolomé José. *Ensayo de una biblioteca española de libros raros y curiosos.* Madrid, Biblioteca Nacional, 1863-1889. 4 vols.

12. Góngora y Argote, Luis de. *Obras en verso del Homero español, que recogió Juan López de Vicuña* (edición en facsímil). Pról. e índices de Dámaso Alonso. Madrid, C.S.I.C., 1963. LXXIX p. - 160 fos. (*Clásicos hispánicos,* I,1).

13. ——. *Poesías.* Ed. de Adolfo de Castro. En *Poetas líricos de los siglos XVI y XVII, B.A.E.,* t. XXXII, pp. 425-553, y t. XLII, pp. 595-600.

14. ——. *Obras poéticas.* Ed. de R. Foulché-Delbosc. New-York, The Hispanic Society of America, 1921. 3 vols.: XVI - 471 + 410 + 309 p. (*Biblioteca hispánica,* t. XVI, XVII, XX).

15. ——. *Obras completas.* Recopilación, prólogo y notas de Juan Millé y Giménez, Isabel Millé y Giménez. Madrid, Aguilar, 1943. XXXVI-1.180 p. (La primera ed. es de 1932).

16. ——. *Letrillas.* Ed. Robert Jammes. París, Ediciones hispano-americanas, 1963. XXXI-532 p.

17. Horio, Fernando. [*Censura de la edición Vicuña*]. Texto publicado por Dámaso Alonso, en su reedición de la ed. Vicuña (núm. 12).

18. Jammes, Robert. *Etudes sur l'oeuvre poétique de don Luis de Góngora y Argote.* Université de Bordeaux, 1967. XI - 703 p.

19. Millé. Véase el núm. 15.

20. Navarro, Tomás. *Métrica española. Reseña histórica y descriptiva*. Syracuse University Press, Syracuse, New-York, 1956. 556 p.

21. Pineda, Juan de. [*Censura de la edición Vicuña*]. Texto publicado por Dámaso Alonso, en su reedición de la ed. Vicuña (núm. 12).

22. Querol Gavaldá, Miguel. *Cancionero musical de Góngora*. Barcelona, C.S.I.C., 1975. 149 p.

23. Santa Cruz de Dueñas, Melchor de. *Floresta española de apotegmas...* Toledo, 1574. Véase el número 8.

NOTA PREVIA

El texto de la presente edición se funda en el de mi edición crítica de 1963. No se han utilizado nuevas fuentes, salvo, para algunas letrillas atribuidas, los mss. MD y RAV, que no figuraban en la primitiva lista de fuentes. La ortografía ha sido modernizada, y se han suprimido casi todas las variantes. Las notas han sido condensadas, corrigiéndose de paso algunos errores, y añadiéndose algunas advertencias que han parecido necesarias para cerrar el paso a ciertas interpretaciones descaminadas.

En la edición crítica de 1963, la clasificación de las letrillas atribuidas y apócrifas no fue totalmente lógica, porque algunas, muy raras, aparecieron al último momento, cuando el libro estaba ya casi terminado. Hubiera sido posible enmendar ese defecto en esta segunda edición, y clasificarlas más rigurosamente, según el origen de la atribución o de la desatribución, por ejemplo; pero ha parecido más conveniente conservar la misma numeración, para facilitar el trabajo de los que quieran consultar las dos ediciones.

Lo más importante es que el lector no se equivoque sobre la significación exacta de los calificativos "atribuido" y "apócrifo", y que no vaya a imaginarse que las letrillas atribuidas pueden ser un poco más gongorinas que las apócrifas: considérense todas, tanto las atribuidas como las apócrifas, como otras letrillas de la misma época, anónimas todas (salvo las tres que son de Quevedo), y estúdiense para conocer mejor la poesía satírico-burlesca del Siglo de oro, pero no se confundan nunca con las 59 auténticas, que solas pueden servir de base para estudiar el pensamiento y el arte de Góngora.

R. J.

PHILIP IV. MVNI-FICENTIA

OBRAS
DE D. LVIS DE GONGORA
Reconocidas i comunicadas con ∽
POR D. ANTONIO CHACON PONCE de Leon
Señor de Polvoranca
AL EXC. SEÑOR D. GASPAR DE GVZMAN
CONDE DE OLIVARES, DVQVE DE SANLVCAR
la Maior, Marques de Heliche, de los Consejos de Esta
do i Guerra de su Mag.t i su Cauallerizo maior: Co
mendador maior de Alcantara, Canciller maior
de las Indias, Capitan general de la Cauallería de
España i perpetuo de Seuilla i su tierra, Alcaide
de perpetuo de los Reales Alcaçares de aquella
ciudad i de sus Atarançanas, Alguazil
maior de la Casa de la Contratacion de
las Indias, y Correo maior dellas

DIVIDIDAS EN
TRES TOMOS.
Lo que se contiene en cada vno
se halla en la sexta hoja despu
es della.

Facsímile. Manuscrito Chacón, frontispicio.

PRIMERA PARTE

LETRILLAS LIRICAS

I — 1592

¡Ya no más, ceguezuelo hermano,
ya no más!

Baste lo flechado, Amor,
más munición no se pierda;
afloja al arco la cuerda   5
y la causa a mi dolor;
que en mi pecho tu rigor

La tercera estrofa sólo se encuentra en GO", GA y, con orden
diferente (1-3-2-4), en GO' y *mar.* También se añadió tardía-
mente en RM (1-2-4-3). Es muy buena, su estilo es idéntico al
de las otras tres y, salvo prueba en contrario, se la puede
considerar como auténtica.
En los mismos mss. la cabeza presenta variantes notables:

> *Ya no más, ceguecito hermano,*
> *que ya no más.* (GA)

> *Ya no más, queditito, amor,*
> *que me matarás,*
> *no más. (mar.* Id. GO', pero "quedito".)

> *Ya no más, ceguecito hermano,*
> *ya no más, que muerto me has.* (GO")

Es cierto que este estribillo se hizo popular (si ya no lo era,
a lo menos en parte, en 1592: véanse los informes reunidos por

41

escriben las plumas juntas,
y en las espaldas las puntas
dicen que muerto me has.   10
¡Ya no más, ceguezuelo hermano,
ya no más!

Para el que a sombras de un robre
sus rústicos años gasta,
el segundo tiro basta,   15
cuando el primero no sobre;
basta para un zagal pobre
la punta de un alfiler;
para Bras no es menester
lo que para Fierabrás.   20
¡Ya no más, ceguezuelo hermano,
ya no más!

[Gran vergüenza tuya es
que pongas el mismo afán
en traspasar un gabán   25
que en enclavar un arnés.
Pues ya rendido a tus pies,
envuelto en mi sangre lloro,
no des al viento más oro
con las flechas que le das.   30

José María Alín en su *Cancionero español de tipo tradicional,*
números 61 y 432), y que el propio Góngora lo volvió a utilizar en 1625 en su romance "A la fuente va del olmo", ensa-
ladilla donde se encuentran otros cuatro cantarcillos populares
(Millé, 93).
Se conocen por lo menos tres imitaciones de esta letrilla: una
de Francisco López de Zárate ("No me tires flechas, / rapaz
Cupido, / que es tirarlas al aire, / contra un rendido", etc.
Poesías varias, BALH, serie A, vol. IX, pp. 387-388); otra
atribuida a un tal Juan Luis en el ms. 12-26-7 (D-172) de la
Academia de la Historia ("Ya no más, rapacillo ciego, / no
más fuego", etc., fo. 188), y otra que figura anónima en el
Cancionero de la Sablonara, n.° LXXV (estribillo idéntico al
de Zárate).
29 *Oro:* según la tradición greco-latina, eran de oro las flechas
de Cupido que inspiraban amor, y de plomo las que provoca-
ban indiferencia.

¡Ya no más, ceguezuelo hermano,
ya no más!]

Tan asaeteado estoy,
que me pueden defender
las que me tiraste ayer   35
de las que me tiras hoy;
si ya tu aljaba no soy,
bien a mal tus armas echas,
pues a ti te faltan flechas
y a mí donde quepan más.   40
¡Ya no más, ceguezuelo hermano,
ya no más!

II — 1609

No son todos ruiseñores
los que cantan entre las flores,
sino campanitas de plata,
que tocan a la alba;

La tercera estrofa procede de los mss. BL, E, I, K, NB, RM.
No es tan perfecta como las dos primeras: puede ser que se
trate de una versión primitiva que el autor abandonaría luego.
Tiene por lo menos la ventaja de aclarar el sentido bastante
ambiguo (tan ambiguo que hubo quien lo confundió con un
arrebato místico) del estribillo: entre los rumores del alba, el
poeta nos invita a olvidarnos del canto de los pájaros, para
prestar atención a unas harmonías más humildes y más sutiles: el susurro de las abejas ("trompeticas de oro"), al que
responde el sonido cristalino del arroyo ("campanitas de plata"). La negación inicial confirma esta reacción contra los
tópicos tradicionales, y esta búsqueda de emociones estéticas
nuevas, gracias a un contacto más íntimo con los elementos.
La fecha de 1609 corresponde a un momento importante de la
evolución de Góngora: ya nos vamos acercando a la eclosión
de las *Soledades,* en que ocuparán tanto sitio lo humilde y
cotidiano despreciados por la estética dominante.

2 "Es probablemente imitación de una canción popular. En Ces-
pedosa (Salamanca) he transcrito la siguiente, que se canta en
la *danza de palos:*

sino trompeticas de oro,   5
que hacen la salva
a los soles que adoro.

No todas las voces ledas
son de Sirenas con plumas,
cuyas húmidas espumas   10
son las verdes alamedas;
si suspendido te quedas
a los süaves clamores,
no son todos ruiseñores, etc.

Lo artificioso que admira,   15
y lo dulce que consuela,
no es de aquel violín que vuela
ni de esotra inquieta lira;
otro instrumento es quien tira
de los sentidos mejores: 20
no son todos ruiseñores, etc.

[Las campanitas lucientes,
y los dorados clarines
en coronados jazmines,

No son todas palomitas
las que pican en el montón;
no son todas palomitas,
que algunos palomitos son.

Obsérvese que los dos primeros versos de la letra actual tienen la misma irregularidad métrica que los dos de la letrilla
de Góngora." (Torner, *Elementos populares en las poesías de
Góngora,* en *RFE,* XIV, 1927, pp. 417-424).

Es posible que esta canción tan delicada haya sido inspirada
a Góngora por un chiste popular mucho menos poético, que
conocemos gracias a Correas: "No son todas palomas las ke
están en el montón; dellas palominos son; *o* dellos kagaxones
son". Más tarde al parecer, Correas añadió de su propia mano,
entre los refranes copiados por su amanuense, los dos versos
de Góngora: "No son todos rruiseñores los ke kantan entre
las flores". Véase la ed. de Louis Combet, *Vocabulario,* páginas 253b-254a y n. 78.

Lope escribió una comedia intitulada "*No son todos ruiseñores*", en la que salen músicos que cantan todo el estribillo,
recordando que Góngora es su autor.

          los dos hermosos corrientes   25
          no sólo recuerdan gentes
          sino convocan amores.
          No son todos ruiseñores, etc.]

25 *Los dos hermosos corrientes:* el arroyo y el enjambre. *Corriente* era muchas veces masculino. Var.: "torrentes" (BL, E).

                         III — 1614

          La vaga esperanza mía
          se ha quedado en vago, ¡ay triste!
          Quien alas de cera viste
          ¡cuán mal de mi Sol las fía!

          Atrevida se dio al viento   5
          mi vaga esperanza, tanto,
          que las ondas de mi llanto
          infamó su atrevimiento,
          bien que todo un elemento
          de lágrimas urna es poca.   10
          ¿Qué diré a cera tan loca,
          o a tan alada osadía?
          La vaga esperanza mía, etc.

          [Como vaga, fue ligera
          a conducir mi esperanza   15
          rayos, que apenas alcanza
          la vista en la cuarta esfera.

La segunda estrofa procede de los mss. BL, CRI, E, F, I, M',
NB, RM, RMM. Es apócrifa según Chacón, y por eso no figura en su ms.: "Esta letrilla suele andar continuada con
otras dos coplas que no son suyas".
8 Alusión a Icaro, cuya muerte "infamó", dándole su nombre,
   al mar en que cayó. La aplicación del mito de Icaro a una
   pretensión amorosa es un tópico frecuentísimo, no sólo en la
   poesía de Góngora, sino en toda la de su época.
16 *Conducir rayos:* alusión al mito de Faetón, cuya significación
   en la poesía amorosa del Siglo de Oro es casi idéntica a la
   de Icaro.

Mal perdida, la carrera
torciendo, infelice suerte
abrasó para mi muerte   20
mi generosa porfía.
La vaga esperanza mía, etc.]

IV — 1620

Ansares de Menga
al arroyo van:
ellos visten nieve,
él corre cristal.

El arroyo espera   5
las hermosas aves,
que cisnes süaves
son de su ribera;
cuya Venus era
hija de Pascual.   10
    Ellos visten nieve,
    él corre cristal.

Pudiera la pluma
del menos bizarro
conducir el carro   15
de la que fue espuma.
En beldad, no en suma,
lucido caudal,
    ellos visten nieve,
    él corre cristal.   20

Texto de GA, único correcto. En *Sab* y en CH (y ed. derivadas) el estribillo queda siempre igual, lo cual hace incom-
prensibles la tercera y la cuarta estrofas.
Fuera de estas tres fuentes, todos los demás mss., así como
las ediciones antiguas, desconocen esta deliciosa letrilla, mi-
núscula sinfonía en blanco que nos ha sido conservada por
milagro.
   Véase la música de Juan Blas en *Sab* o en el reciente *Cancionero musical de Góngora*, de Miguel Querol Gavaldá, páginas 134-136.
16 *La que fue espuma:* Venus.

Trenzado el cabello
los sigue Minguilla,
y en la verde orilla
desnuda el pie bello,
granjeando en ello   25
marfil oriental
    los que visten nieve,
    quien corre cristal.

La agua apenas trata
cuando dirás que   30
se desata el pie,
y no se desata,
plata dando a plata
con que, liberal,
    los viste de nieve,   35
    le presta cristal.

29 *Tratar:* 'tocar', 'ir por'. Cf. letrilla XI, v. 9.
31 *Desatar:* 'derretir'.

V — 1621

[EN PERSONA DEL MARQUES DE FLORES DE AVILA,
ESTANDO ENFERMO]

Aprended, Flores, en mí
lo que va de ayer a hoy,

El título de CH *(Alegoría de la brevedad de las cosas huma-*
nas), aunque exacto, disimula, intencionadamente quizás, el
contenido autobiográfico de esta letrilla. El que he adoptado
procede de una nota de Artigas: "Según el manuscrito que
fue de don Justo Sancha, esta glosa la hizo don Luis en persona del Marqués de Flores de Avila estando enfermo" *(Bio-*
grafía..., p. 176). Todo lo que sabemos de don Luis y del
Marqués de Flores confirma esta interpretación: Góngora conocía y trataba casi diariamente en Madrid al marqués,
caballerizo del rey, que fue al parecer su mejor protector en
la Corte. Por su correspondencia, sabemos que el marqués se

> *que ayer maravilla fui,*
> *y hoy sombra mía aun no soy.*

La aurora ayer me dio cuna,   5
la noche ataúd me dio;
sin luz muriera si no
me la prestara la Luna:
pues de vosotras ninguna
deja de acabar así,   10
aprended, Flores, en mí, etc.

Consuelo dulce el clavel
es a la breve edad mía,
pues quien me concedió un día,
dos apenas le dio a él: 15
efímeras del vergel,
yo cárdena, él carmesí.
Aprended, Flores, en mí, etc.

---

estropeó gravemente una pierna al caer de caballo en el mes
de octubre de 1619. Este accidente afectó bastante tiempo la
salud del marqués, ya que todavía el 28 de abril del año siguiente don Luis habla de "su enfermedad" y de la cojera que
le resultó.

Tamtién es de notar que el marqués y su esposa compartían
con don Luis una misma afición a las flores y a los jardines,
hasta tal punto que, en junio de 1624, don Luis se preocupa
de buscar, "en Córdoba, en Sevilla o en Valencia", unos tiestos de "jazmines reales" para mandarlos "con un propio, para
más regalo de las flores", a la marquesa. ¡A qué precio sal-
drían, llegados a Madrid, los dichos tiestos!

Todas estas circunstancias se olvidarían muy pronto, y el
público no tardó en ver en esta letrilla una mera meditación
alegórica sobre la brevedad de las flores, como lo prueban las
numerosas imitaciones que se hicieron. Véase mi ed. crit. de
las letrillas, pp. 23-24, n. 4. Así se fue pasando de una lectura
doble a una lectura sencilla, tendencia favorecida por la crítica que, ya en tiempo de Góngora, se empeñaba en partir
su producción poética en dos mitades opuestas, gracias en
parte a simplificaciones de este tipo.

4 CH lee: "y sombra mía aun no soy".
13 La "breve edad" o, como leen otros mss., "la brevedad". El
concepto era casi inevitable.

Flor es el jazmín, si bella,
no de las más vividoras,   20
pues dura pocas más horas
que rayos tiene de estrella;
si el ámbar florece, es ella
la flor que él retiene en sí.
Aprended, Flores, en mí, etc.   25

El alhelí, aunque grosero
en fragancia y en color,
más días ve que otra flor,
pues ve los de un Mayo entero:
morir maravilla quiero   30
y no vivir alhelí.
Aprended, Flores, en mí, etc.

A ninguna flor mayores
términos concede el Sol
que al sublime girasol,   35
Matusalén de las flores:
ojos son aduladores
cuantas en él hojas vi.
Aprended, Flores, en mí, etc.

26 CH lee: "Aunque el alhelí grosero".
33 CH lee: "A ninguna al fin mayores".
35 *Sublime:* Góngora lo emplea siempre en su sentido etimoló-
gico de 'alto'.

VI — ?

Hágasme tantas mercedes,
temerario pensamiento,
que no te fíes del viento,
ni penetres las paredes.

Figura en CH, pero sin fecha, entre las "Obras que comúnmente se han tenido por de don Luis de Góngora y hasta después de su muerte no habían llegado a manos de D. Antonio"
(t. II, p. 328). No la reprodujo Foulché-Delbosc, aunque es a

Pensamiento, no presumas   5
tanto de tu humilde vuelo,
que el sujeto pisa el cielo,
y al suelo bajan las plumas:
otro barrió las espumas
del Mediterráneo Mar,   10
pudiendo mejor volar
que tú ahora volar puedes.
Hágasme tantas mercedes, etc.

No penetres lo escondido
de aquel corazón amado,   15
mientras lava su cuidado
en las aguas del olvido:
pues un montero atrevido
sabes que pagó sus yerros
en las bocas de sus perros   20
y en los nudos de sus redes.
Hágasme tantas mercedes, etc.

---

todas luces auténtica. Por eso Millé se limitó a incluirla entre
las "atribuibles", copiando el texto de Hoces, muy inferior al
de Chacón que sigo en esta edición.

La primera estrofa alude al mito de Ícaro (cf. letrilla III);
la segunda, al de Acteón. Ambas leyendas aparecen con frecuencia en la poesía de Góngora. Es muy frecuente también el
recurso al pensamiento transformado en mensajero de amor,
sea para alentarlo (letrilla XI), sea, como aquí, para moderarlo.

1 *Hágasme tantas mercedes:* posible reminiscencia de un refrán
en que se encuentra la misma fórmula y la misma rima "mercedes"-"paredes", aunque su sentido es totalmente diferente:
"No hagas tantas mercedes que traigas las manos por las paredes". Lo recoge Correas, *Vocabulario,* p. 263b.

LETRILLAS SATIRICAS

VII — 1581

1

Que pida a un galán Minguilla
cinco puntos de jervilla,
   bien puede ser;
mas que calzando diez Menga,
quiera que justo le venga,   5
   no puede ser.

El número y orden de las estrofas varían mucho, según las fuentes. En la primera edición conocida *(Tercera parte de flor de varios romances,* Madrid, 1593, fo. 125 v., donde empieza por el verso "Que se case un don Pelote"), sólo aparecen doce estrofas. Hay veinte el ms. GP, pero la primera y las tres últimas no se encuentran en ninguna otra copia, y podría ser que correspondan a una versión primitiva:

> Que en las cosas que hacemos
> se noten malos estremos,
>   *bien puede ser;*
> mas que las parleras lenguas
> callen donde vieren menguas,
>   *no puede ser.*

> Que piense un soberbio necio
> que en tiendas tiene precio,
>   *bien puede ser;*

51

2

Que se case un don Pelote
con una dama sin dote,
bien puede ser;

---

mas que no sea mas perfeto
cualquiera sabio discreto,
no puede ser.

Que un avariento pretenda
allegar mucha hacienda,
bien puede ser;
mas ganar mucho dinero
sin despuntar de logrero,
no puede ser.

Que un mozo gentil, pulido,
siga a Venus y a Cupido,
bien puede ser;
mas que se pase el verano
sin que se sienta m[a]l[s]ano
no puede ser.

Es cierto que esta letrilla se hizo rápidamente popular, lo que
puede explicar estas variaciones. Ya en 1604 Bartolomé Jiménez Patón la considera como clásica, hasta tal punto que cita
ocho estrofas en su *Elocuencia española en arte.* También la
cita Alcalá Yáñez en su novela *Alonso, mozo de muchos
amos.* Lope la imitó, de manera bastante descuidada, y quitán-
dole todo impacto satírico, en *Lo fingido verdadero* (cinco coplas). No faltaron, desde luego, las imitaciones a lo divino, y
entre ellas hubo una del mismo Lope, en su auto, o más bien
"moralidad" de *Las bodas entre el alma y el amor divino,*
representada en 1599, refección que Menéndez Pelayo califica
de "piadosa parodia, menos poética que bien intencionada". El
propio Malherbe se inspiró de ella para escribir en francés seis
estrofas galantes de estructura parecida, de las que se burló,
parodiándolas, su compatriota Berthelot. (Véase Renée Wine-
garten, *Malherbe and Gongora,* en *Modern Language Review,*
LIII, 1958, pp. 17-27.)
    Un siglo más tarde la volvió a imitar Cadalso en dos de sus
"letrillas satíricas imitando el estilo de Góngora y Quevedo",
ambas de tema misógino (estribillo: "Ya lo veo" y "No lo
creo". *B.A.E.,* t. LXI, pp. 271-272). Y todavía en el siglo XIX

mas que no dé algunos días   10
por un pan las damerías,
   no puede ser.

---

se acordó de ella Juan Martínez Villergas, en una sátira bastante cercana, en cuanto al tono, a su modelo:

Que el cura, en agrio sermón,
no ataque la seducción,
   es novedad;
que el que este vicio deplora
tenga un ama seductora,
   no es novedad. (...)

Que no haya un fraile en España
es rareza, es cosa extraña,
   es novedad;
que hayan hecho los conventos
de mendigos, opulentos,
   no es novedad.

(Poesías jocosas y satíricas,
Madrid, 1842, pp. 59-62)

Recientemente le ha vuelto a dar popularidad el cantador
Paco Ibáñez, gracias a quien anda en discos.

Pero, desde luego, no todos apreciarían igualmente esta sátira. En 1628 la censuró el Pe Horio, porque tenía "algunas
palabras deshonestas y obscenas y contra las buenas costumbres" y, unos diez años antes, el Pe Francisco de Castro (aunque amigo personal de don Luis: véase el soneto 79 que le
dedicó, *Clásicos Castalia,* vol. 1, p. 79) había criticado su
presencia en el citado libro de Jiménez Patón, el cual, en la
segunda edición de su tratado (intitulada *Mercurius trimegistus,* Madrid, 1618), para dar satisfacción al academicismo de su
censor y colega en retórica, sustituyó las ocho estrofas de Góngora por un extracto del ...*Sermón de san Jerónimo,* de fray
Luis de Granada. Pero es cierto que, en el fondo, le gustaban
más las coplas de Góngora:

Algunos han mostrado enfado de ver estos ejemplos
destas coplillas, diciendo que son humildes y muy rate-
ros (que así les llaman), y no quiero dejar de satis-
facelles. *[Pero]...* ¿no es así que aquellas coplillas han
agradado por la sonoridad y consonancia, han sido apa-
cibles, suaves y de gusto?

7 Cf. romance "Despuntado he mil agujas", de 1596:

Esperando esta pelota
dicen que está un don Pelote... (Millé, 42)

3

Que la viuda en el sermón
dé mil suspiros sin son,
        bien puede ser: 15
mas que no los dé, a mi cuenta,
porque sepan dó se sienta,
        no puede ser.

4

Que esté la bella casada
bien vestida y mal celada,   20
        bien puede ser;
mas que el bueno del marido
no sepa quién dio el vestido,
        no puede ser.

5

Que anochezca cano el viejo,   25
y que amanezca bermejo,
        bien puede ser;
mas que a creer nos estreche
que es milagro y no escabeche,
        no puede ser.   30

6

Que se precie un don Pelón
que se comió un perdigón,
        bien puede ser;

---

14 Solían echar grandes suspiros las viudas en los sermones, y
   lo notó el francés Bartélemy Joly, cuando viajaba por España en 1604.
29 Véase la letrilla XXX, n. 31.
32 *Perdigón:* 'pollo de perdiz', 'perdiz nueva', y no 'grano de plomo', como lo interpretó desacertadamente Alfonso Reyes.

mas que la biznaga honrada
no diga que fue ensalada,   35
    no puede ser.

7

Que olvide a la hija el padre
de buscalle quien le cuadre,
    bien puede ser;
mas que se pase el invierno   40
sin que ella le busque yerno,
    no puede ser.

8

Que la del color quebrado
culpe al barro colorado,
    bien puede ser;   45
mas que no entendamos todos
que aquestos barros son lodos,
    no puede ser.

9

Que por parir mil loquillas
enciendan mil candelillas,   50
    bien puede ser;
mas que, público o secreto,
no haga algún cirio efecto,
    no puede ser.

---

34 "O kon oro, o kon plata, o kon viznaga, o kon nonada. *El lin-
    piar los dientes; bueno es orégano, enebro i pluma, i algunas
    otras kosas*". (Correas, *Vocabulario*, p. 166b).
44 *Barro colorado*: los búcaros perfumados que las mujeres solían
    mascar, y que provocaban la famosa "opilación", fuente de
    tantos chistes en el Siglo de Oro.

10

Que sea el otro Letrado   55
por Salamanca aprobado,
        bien puede ser;
mas que traiga buenos guantes
sin que acudan pleiteantes,
        no puede ser.   60

11

Que sea Médico más grave
quien más aforismos sabe,
        bien puede ser;
mas que no sea más experto
el que más hubiere muerto,   65
        no puede ser.

12

Que acuda a tiempo un galán
con un dicho y un refrán,
        bien puede ser;
mas que entendamos por eso   70
que en *Floresta* no está impreso,
        no puede ser.

13

Que oiga Menga una canción
con pïedad y atención,
        bien puede ser;   75
mas que no sea más piadosa
a dos escudos en prosa,
        no puede ser.

71 *Floresta:* la de Melchor de Santa Cruz de Dueñas, publicada
en 1574 y vuelta a editar muchas veces después.

14

Que sea el Padre Presentado
predicador afamado,   80
      bien puede ser;
mas que muchos puntos buenos
no sean estudios ajenos,
      no puede ser.

15

Que una guitarrilla pueda   85
mucho, después de la queda,
      bien puede ser;
mas que no sea necedad
despertar la vecindad,
      no puede ser.   90

16

Que el mochilero o soldado
deje su tercio embarcado,
      bien puede ser;
mas que le crean de la guerra
porque entró roto en su tierra,   95
      no puede ser.

91 *Mochilero:* el que llevaba las mochilas. Los mss. BF y GF dan
   la variante "churrillero soldado", palabra bastante rara que
   significa 'desertor'. Véase la nota de Amezúa en su ed. del
   Coloquio de los perros de Cervantes, pp. 570-573.
95 Solían en efecto romper sus vestidos para parecer más valientes, como le atestigua este refrán recogido y comentado por
   Correas: "Español loko, rompe lo sano i pone lo rroto. *Dizen
   esto en Italia, porke los españoles akuchillan las kueras i pikan
   los vestidos por gala*". (*Vocabulario*, p. 149b).

17

Que se emplee el que es discreto
en hacer un buen soneto,
 bien puede ser;
mas que un menguado no sea   100
el que en hacer dos se emplea,
 no puede ser.

18

Que quiera una dama esquiva
lengua muerta y bolsa viva,
 bien puede ser;   105
mas que halle, sin dar puerta,
bolsa viva y lengua muerta,
 no puede ser.

19

Que el confeso al caballero
socorra con su dinero,   110
 bien puede ser;
mas que le dé, porque presta,
lado el día de la fiesta,
 no puede ser.

20

Que junte un rico avariento   115
los doblones ciento a ciento,
 bien puede ser;
mas que el sucesor gentil
no los gaste mil a mil,
 no puede ser.   120

21

Que se pasee Narciso
con un cuello en paraíso,
    bien puede ser;
mas que no sea notorio
que anda el cuerpo en pulgatorio,   125
    no puede ser.

122 No he podido hallar lo que serían esos cuellos "en paraíso",
que le han sugerido a Góngora el gracioso chiste "purgatorio"-
"pulgatorio", mal entendido de muchos copistas. Lo cierto
es que el contraste entre el lujo o la limpieza del cuello y la
miseria o suciedad de la ropa interior era un tema corriente,
que dejó huella en el refranero:

Kuello i kuellera; lo otro sabe Dios kuál era.
Kuello de molde, i maldita la blanka. *A pobretones
estirados de kuello, kuando se usavan kuellos enpa-
pirotados.* (Correas, *Vocabulario,* p. 451b).

VIII — 1581

Da bienes Fortuna
que no están escritos:
*cuando pitos flautas,
cuando flautas pitos.*

Tema de Fortuna, tradicional en toda la poesía de la Edad
Media, pero actualizado y transferido a un nivel más humilde
y cotidiano: el pretendiente, la Inquisición, el cabrero, el la-
dronzuelo... Actitud constante de Góngora, que así consigue
dar un alcance moderno y, a veces, subversivo a lo que se
había transformado en tópico anodino. Bien lo sintió el
Pe. Pineda: "Dice *a unos da encomiendas, a otros sambenitos.*
No habla bien, porque lo que se da por méritos o deméritos
en materia de Fe, y en cuyo Tribunal se mira tanto, no es
bien contarlo por bienes casuales y de fortuna". (*Censura*).
    La tercera estrofa, desconocida de todas las ediciones, pro-
cede del ms. OA, fo. 44 v. Puede ser que se trate de una
versión primitiva, abandonada después por el autor: las otras
tres, más concretas y eficaces, son indudablemente superiores.
4 "Kuando pitos flautas; kuando flautas pitos. *De lo sin tien-
po*". (Correas, *Vocabulario,* p. 447a).

¡Cuán diversas sendas   5
se suelen seguir
en el repartir
honras y haciendas!
A unos da encomiendas,
a otros sambenitos.   10
Cuando pitos flautas,
cuando flautas pitos.

A veces despoja
de choza y apero
al mayor cabrero;   15
y a quien se le antoja
la cabra más coja
pare dos cabritos.
Cuando pitos flautas,
cuando flautas pitos.   20

[En gustos de amores
suele traer bonanza
y en breve mudanza
los vuelve en dolores.
No da a uno favores,   25
y a otro infinitos.
Cuando pitos flautas,
cuando flautas pitos.]

Porque en una aldea
un pobre mancebo   30
hurtó sólo un huevo,
al sol bambolea;
y otro se pasea
con cien mil delitos.
Cuando pitos flautas,   35
cuando flautas pitos.

17 La cabra coja aparece frecuentemente en el refranero.
18 Casi todos los textos, salvo OA, PEIV, y *bae*, dan "parió" en
   vez de "pare".
32 *Bambolea*: ahorcado.

IX — 1585

1

Si las damas de la Corte
quieren por dar una mano
dos piezas del toledano
y del milanés un corte,
mientras no dan otro corte,   5
busquen otro,
que yo soy nacido en el Potro.

Primera edición: 1596, en un romancerillo valenciano (*pi*).
La quinta estrofa, desconocida de CH, procede de dicho romancerillo y del ms. OK. Orden y número de estrofas muy
variable según las fuentes. Numerosas variantes.

Seguramente autobiográfica: es muy verosímil, en efecto, que
Góngora haya ido hasta Toledo y Madrid en 1585. Esta letrilla, el romance "Escuchadme un rato atentos" (Millé, 18) y el
romance "Ensíllenme el asno rucio" (id., 19) son un eco de ese
viaje, que hubo de ser bastante alegre; el último romance
mencionado nos permite decir que Galayo (don Luis) y su
compañero Bandurrio (sin duda otro beneficiado de la Catedral de Córdoba) salieron con muy buenas intenciones:

> A dar pues se parte el bobo
> estocadas y reveses
> y tajos, orilla el Tajo,
> en mil hermosos broqueles.

4 "Llamamos tienda de milanés el aposento que tiene muchas
y varias curiosidades, cuales se traen de Milán" (Cov.). Entre
esas "curiosidades" figurarían en primer lugar los tejidos ca-
ros, ya que se llamaba "milán" la tela de lino fabricada en
dicha ciudad. Es casi seguro que "toledano" se emplearía en el
mismo sentido, aunque no lo registran los diccionarios.

5 *Corte*: "el medio que se da en un negocio en el cual las partes no están conformes, y se da comisión a los terceros que
corten por do quisieren y les pareciere" (Cov.).

7 "El barrio del Potro de Córdoba es donde salen finos y ma-
treros", dice Correas, comentando uno de los numerosos refranes referentes a ese polo de la picaresca.

2

Si por unos ojos bellos,
que se los dio el cielo dados,
quieren ellas más ducados   10
que tienen pestañas ellos,
alquilen quien quiera vellos
    y busquen otro,
que yo soy nacido en el Potro.

3

Si un billete cada cual   15
no hay tomallo ni leello,
mientras no le ven por sello
llevar el cuño Real,
damas de condición tal,
    buscad otro,   20
que yo soy nacido en el Potro.

4

Si a mi demanda y porfía,
mostrándose muy honestas,
dan más recias las respuestas
que cañones de crujía,   25
para tanta artillería
    busquen otro,
que yo soy nacido en el Potro.

5

[Si la que en la religión
entra, dicen que ha de ser   30
la tienda del mercader
la casa de aprobación,
non quiero ser fraile, non;
    busquen otro
que yo soy nacido en el Potro.]   35

25 *Cañón de crujía*: "la pieza grande que va injerida debajo de
la crujía de la galera y sale a la proa sobre el espolón, que
suele ser muy grande y fuerte". (Cov.).

6

Si algunas damas bizarras
(no las quiero decir viejas)
gastan el tiempo en pellejas,
y ellas se aforran en garras,
vayan al Perú por barras,   40
        y busquen otro,
que yo soy nacido en el Potro.

7

Si la del dulce mirar
ha de ser con presunción
que ha de acudir a razón   45
de a veinte mil el millar,
pues fue el mío de al quitar,
        busquen otro,
que yo soy nacido en el Potro.

8

Si se precian por lo menos   50
de que Duques las recuestan,
y a Marqueses sueños cuestan,
y a Condes muchos serenos,
a servidores tan llenos
        huélalos otro,   55
que yo soy nacido en el Potro.

---

39 *Garras*: esta palabra designa "las pellejitas de los pies o
garras de las martas y de los más animales, de los cuales se
hacen aforros". (Cov.). Al mismo tiempo sugiere la codicia de
esas busconas. El mismo juego de palabras se repite en la
séptima estrofa de las décimas "Musas, si la pluma mía"
(Millé, 123).
45 *Acudir*: 'producir'. Alude al interés de los censos, que podían
ser perpetuos, o "al quitar". "Veinte mil el millar" quiere decir un interés de mil maravedises por veinte mil de capital,
proporción corriente y legal.
54 *Servidores*: doble sentido. Cf. letrilla XXVI, v. 10.

X — [¿1590?]

Ya que rompí las cadenas
de mis grillos y mis penas,
de extender con mucho error
la jurisdición de Amor,
que ahora me da por libre,   5
   Dios me libre.
Y de andar más por escrito
publicando mi delito,
sabiendo de ajenas vidas
tantas culpas cometidas   10
de que puedo hacer alarde,
   Dios me guarde.

De dama que se atribula
de comer huevos sin bula,
sabiendo que de su fama   15
un escrúpulo ni dragma

No la imprimió Foulché-Delbosc, aunque figura sin fecha en
CH, entre las "Obras que comúnmente se han tenido por de
don L. de G. y hasta después de su muerte no habían llegado
a manos de don Antonio". Se encuentra en otros cinco mss.
(F, I, K, L, NB) y en Hoces. Es evidentemente auténtica. Sigo
el texto de CH, salvo en el v. 29 ("volver entera").

La fecha hipotética de 1590 se funda en la primera y la
cuarta estrofa: en la primera, porque desarrolla el tema del
desengaño de amor tal como aparece en cuatro romances,
uno de 1584, dos de 1590 y uno de 1596 (Millé, 16, 32, 33, 42);
en la cuarta, porque encierra una alusión al romance "Desde
Sansueña a París", escrito en 1586. Se puede suponer que se
escribiría poco después de esta última fecha, cuando el público
se acordaba todavía de los versos picantes del romance de
Sansueña: por esto propongo la fecha aproximada de 1590.

Nótese el rigor de la construcción: una estrofa de introducción y cuatro de sátira, con su rigurosa alternancia mujer/
varón. Hasta el número de las estrofas parece determinado, ya
que las rimas en -*ibre* son muy escasas: *Tibre, Colibre, libre*
y *gengibre,* según Rengifo; Góngora añadió *vibre.*

11 *Hacer alarde*: 'pasar revista'.

16 *Escrúpulo*: "cierto peso pequeño, cuya cantidad dizen ser la
tercera parte de una dragma y la vigésima cuarta parte de

no podrá lavar el Tibre,
Dios me libre.
Y del mercader devoto,
de conciencia manirroto,   20
que, acrecentando sus rentas,
pasa a menudo sus cuentas,
y da las ajenas tarde,
Dios me guarde.

De doncella con maleta,   25
ordinario y estafeta,
que quiere contra derecho,
pasando por el estrecho,
llegar entera a Colibre,
Dios me libre.   30
Y del galán perfumado,
para holocaustos guardado,
que hace cara a los afeites
para dar a sus deleites

---

la onza. Usan della los boticarios en la confección de las cosas venenosas y activas en primer grado". (Cov.).

22 *Pasa a menudo sus cuentas*: de dos maneras, rezando el rosario y mandando sus facturas a los clientes; pero no tiene tanta prisa para saldar sus deudas.

28 Era difícil llegar a salvo desde el *estrecho* (de Gibraltar) hasta *Colibre* (Collioure, que era española a la sazón), por los piratas. Pero la expresión "pasando por el estrecho" sugiere además las prácticas nefandas de esta moza que pretende así conservar su doncellez ("llegar entera a Colibre"). Sodomía femenina a la que corresponde, en la segunda mitad de la estrofa, un caso de sodomía masculina.

En cuanto a las palabras "maleta" (que significa también 'ramera'), "ordinario" y "estafeta" (que puede hacer pensar en "estafa"), sus implicaciones no son tan claras. Las tres están relacionadas con la noción de correo. Según Covarrubias, había una diferencia entre la *estafeta*, que iba a caballo y corría la posta, y el *ordinario*, que iba a pie y llevaba recua. Se puede pensar pues, relacionando otra vez esta letrilla con el citado romance de Sansueña, que esta doncella tiene dos galanes de categoría muy diferente, un poco como Melisendra que tuvo, durante su cautiverio, "un moro para la brida / y otro para la jineta".

espaldas, como cobarde,   35
    Dios me guarde.

De dama que de un ratón
huye al postrero rincón,
desmayada de miralla,
y no temerá a caballo   40
que Ruger su lanza vibre,
    Dios me libre.
Y del galán que en la plaza
acuchilla y amenaza,
y si sale sin terceros,   45
hará como don Gaiferos,
aunque Melisendra aguarde,
    Dios me guarde.

De doncella que entra en casa.
porque guisa y porque amasa,   50
y hace mejor un guisado
con la mujer del honrado
que con clavos y gengibre,
    Dios me libre.
Y de amigo cortesano   55
con las insignias de Jano,
desvelado en la cautela,
cuyo soplo a veces hiela,
y a veces abrasa y arde,
    Dios me guarde.   60

37 "La ke huie de un rratón atado, no huirá de un fraile arreman-
   gado" (Correas, *Vocabulario*, p. 193b).
41 *Ruger,* o Rugero, el que libró a Angélica. No es necesario
   comentar la expresión "vibrar la lanza".
46 *Don Gaiferos*: otra alusión al romance de Sansueña (Millé, 25).
   Gaiferos se había apeado "a hacer que ciertos tomillos / huelan
   más que los jazmines, / aunque nunca tan bien huelan".
51 *Guisado*: 'mancebía' (germanía). En su *Filosofía vulgar,* Juan
   de Mal Lara comenta en el mismo sentido el refrán de Hernán Núñez "La mal casada tratos tiene con su criada".
53 *Honrado*:   cf. Quevedo: "La putería [*se llama*] casa; las putas, damas; las alcahuetas, dueñas; los cornudos, honrados".
   (*El mundo por de dentro,* ed. Felipe C. R. Maldonado, en
   Clásicos Castalia, vol. 50, p. 166).

XI — 1592

Vuela, pensamiento, y diles
a los ojos que te envío
que eres mío.

Otra vez el pensamiento transformado en mensajero de amor, como en la letrilla VI, pero ahora con fines satíricos, que se desarrollan a partir de la tercera estrofa bajo la forma de una revista de competidores: soldados, músicos y quizá, pero es más dudoso, poetas y homosexuales. Más dudoso porque las tres últimas estrofas no figuran en Chacón, quien, sin embargo, conocería su existencia, ya que andaban impresas desde 1604 en la *Docena parte* del *Romancero general*, donde se publicó por primera vez esta letrilla. El que no las haya incluido Chacón puede considerarse como una confirmación de su inautenticidad; pero, por otra parte, se debe advertir que Chacón no las rechazó en una nota, como suele hacer en casos semejantes.

Fue parodiada por Alonso de Ledesma en su *Romancero y monstro imaginado* de 1616:

Vuela pensamiento, y diles
a los ojos que más quiero
que hay dinero.

Trece estrofas (fos. 74 v. -77) con claras reminiscencias gongorinas, en las que se desarrolla el tema de la preeminencia del dinero, sin el cual el amor no puede sino fracasar. De esta parodia de Ledesma, y no del original de Góngora, se inspira una letrilla de Quevedo de estribillo semejante, pero de filosofía opuesta y más conforme al pensamiento del Caballero de la Tenaza; "hay dinero"... pero no quiere soltarlo:

Del dinero que pidió,
a la que adorando estás
las nuevas le llevarás,
pero los talegos no. Etc.
(Ed. J. M. Blecua, n.º 659).

3 Según Torner, se puede considerar este estribillo como la evolución popular de un villancico del siglo XVI:

Pensamiento, ve do vas,
pues sabes dónde te envío,
y dirás como eres mío.
(*Cancionero de Palacio*).

1

Celosa el alma te envía
por diligente ministro,   5
con poderes de registro
y con malicias de espía;
trata los aires de día,
pisa de noche las salas
con tan invisibles alas   10
cuanto con pasos sutiles.
Vuela, pensamiento, y diles
a los ojos que te envío
que eres mío.

2

Tu vuelo con diligencia   15
y silencio se concluya,
antes que venzan la suya
las condiciones de ausencia;
que no hay fiar resistencia

---

18 *Las condiciones de ausencia.* Ya en 1586 Góngora había escrito en un romance burlesco:

> No estraguen tu condición
> las condiciones de ausencia.
>
> (Millé, 21).

Usada por él, esta fórmula debe entenderse como un eco burlón de una célebre canción de Jorge Manrique:

> *Quien no stuviere en presencia*
> *no tenga fe en confiança,*
> *pues son olvido y mudança*
> *las condiciones de ausencia.*
>
> Quien quisiere ser amado
> trabaje por ser presente,
> que quan presto fuere ausente,
> tan presto será olvidado.

de una fe de vidrio tal,   20
tras de un muro de cristal,
y batido de esmeriles.
Vuela, pensamiento, y diles
a los ojos que te envío
que eres mío.   25

3

Mira que su casa escombres
de unos soldados fiambres,
que perdonando a sus hambres
amenazan a los hombres;
de los tales no te asombres,   30
porque, aunque tuercen los tales
mostachazos criminales,
ciñen espadas civiles.
Vuela, pensamiento, y diles
a los ojos que te envío   35
que eres mío.

4

Por tu honra y por la mía,
de esta gente la descartes,
que le serán estos Martes

Y pierda toda esperança
quien no stuviere en presencia,
pues son olvido y mudança
las condiciones de ausencia.

(*Cancionero general de 1511*, fo. CXXII).

Fue glosada por Cristóbal de Castillejo y por Gregorio Silves-
tre (véase *BAE*, XXXII, p. 135), y también por Timoneda
(*Guisadillo de amor*, p. 31). Otra glosa en el ms. 3915 de la
BNM (Sigla PEIV en la presente ed.).

más aciagos que el día;   40
pues la lanza de Argalía
es ya cosa averiguada
que pudo más por dorada
que por fuerte la de Aquiles.
Vuela, pensamiento, y diles   45
a los òjos que te envío
que eres mío.

5

Si a músicos entrar dejas,
ciertos serán mis enojos,
porque aseguran los ojos   50
y saltean las orejas;
cuando ellos ajenas quejas
canten, ronda, pensamiento,
y la voz, no el instrumento
les quiten tus alguaciles.   55
Vuela, pensamiento, y diles
a los ojos que te envío
que eres mío.

6

[De cualquiera que laurel
ciñe, la entrada rehúsa,   60
que declinando su *Musa*
se hace *Dóminus* él;
y entre platos de papel

---

41 Alusión al *Orlando innamorato* de Boiardo. La lanza dorada
de Argalía hacía invencible al caballero que la llevaba. Véase la
traducción de Hernando de Acuña en la *Biblioteca de antiguos
libros hispánicos*, serie A, t. XXIV, pp. 403, 415, 424, 452, etc.
50 *Aseguran*: 'tranquilizan'.
63 *Entre platos*: así se presentaban los regalos.

con magnificencia envía,
a las diez de mediodía,   65
dos canciones pastoriles.
Vuela, pensamiento, y diles
a los ojos que te envío
que eres mío.

7

Más que a cuantos tiene Europa,   70
tu casa negarles puedes
a unos pobres Ganimedes,
mucho lindo y poca ropa;
a quien la dorada copa
no les fíes muchos meses,   75
porque no son ginoveses
ya que quieren ser gentiles.
Vuela, pensamiento, y diles
a los ojos que te envío
que eres mío.   80

8

Sabrás de las condiciones
de estos Narcisos süaves
que dejan pechugas de aves
por caderas de capones;
pues todos estos garzones   85
(bien negro sabido lo has)
de algunos días atrás
dejan ubres por perniles.
Vuela, pensamiento, y diles
a los ojos que te envío   90
que eres mío.]

76 *Ginoveses*: tenían fama de ser homosexuales. Cf. décimas "Musas, si la pluma mía", estr. 8:

> que ginoveses y el Tajo
> por cualquier ojo entran bien.
>   (Millé, 123).

XII — 1593

1

Un buhonero ha empleado
en higas hoy su caudal,
y aunque no son de cristal,
todas las ha despachado;
para mí le he demandado,   5
cuando verdades no diga,
una higa.

Solas son auténticas las diez primeras estrofas, que figuran
en CH y en otros siete mss. de poesías completas; las cuatro
últimas, aunque se hallan en algunos buenos mss. (11 y 12 en
AA, AP, E, L; 13 y 14 en BF), son explícitamente rechazadas
por el ms. M y por el propio Góngora, en una nota autógrafa
puesta al margen del mismo ms. Para más detalles, véase mi
ed. crítica, pp. 79-81.

Es de notar que, si no se tienen en cuenta las estrofas apócrifas (en particular la estr. 12), el contenido de esta letrilla
resulta perfectamente homogéneo: es una sátira dirigida exclusivamente contra los hombres, cosa poco frecuente en tiempo
de Góngora. En torno al tema de la verdad (v. 6), o más precisamente del "conocerse a sí mismo", cada estrofa opone la
apariencia a la realidad: crítica de la ilusión, la mentira, o la
mala fe, y autocrítica al mismo tiempo, ya que en esta dis-
tribución de higas el poeta se atribuye la primera.

7 La higa es un ademán de menosprecio o de burla, que se
hace "cerrando el puño y mostrando el dedo pulgar por entre
el dedo índice y el medio", como dice Covarrubias. Era también un amuleto que representaba una mano pequeña haciendo
el ademán descrito por Cov., y se solía colgarlo del cuello
de los niños para preservarlos del aojo. Las había de azabache,
de ámbar, de cristal, etc.: véase la nota de Francisco Rodríguez Marín en su ed. del *Quijote* (Atlas, 10 vols.), t. VI,
pp. 12-14.

"La figura, añade Covarrubias, es supersticiosa, derivada de
la gentilidad, que estaba persuadida tener fuerça contra la
fascinación la efigie priapeya, que como tenemos dicho era la
higa. De todo esto no hay que hacer caso". No pensaría así
Santa Teresa, ya que, aconsejada por su confesor, daba higas a
los diablos que se le aparecían, para ahuyentarlos, y también
al propio Cristo, cuando lo confundía con el demonio (*Vida*,
cap. XXIX).

2

Al necio, que le dan pena
todos los ajenos daños,
y aunque sea de cien años,   10
alcanza vista tan buena,
que ve la paja en la ajena
y no en la suya dos vigas,
        dos higas.

3

Al otro que le dan jaque   15
con una dama atreguada,
y más bien peloteada
que la Coruña del Draque,
y fiada del zumaque
le desmiente tres barrigas,   20
        tres higas.

16 *Atreguada*: "Atreguado, el loco que algunas vezes, por cierto
   espacio de tiempo, buelve a estar en su juizio, haziendo treguas con la locura". (Cov.). Se trata, pues, de una dama cuyos
   favores (treguas en su crueldad) son intermitentes.
17 *Peloteada*: alude al doble sentido de "pelota": 'bala de cañón'
   y 'ramera'.
18 La Coruña había sido atacada por el Drake poco antes, en
   1589.
19 *Zumaque*: lo utilizaban los curtidores y, al parecer, las mujeres que querían hacer desaparecer ciertas arrugas. Cf. este
   retrato de una ramera:

                Tiene tan gran delantera
                que se le junta el enbés,
                por más que se lo defienda
                çumaque, piña, ciprés.
                (*Poesías barias*; ed. J. M. Hill, p. 55. Indiana
                University Studies, vol. X, dec. 1923, n.º 60.)

4

Al marido que es tan llano,
sin dar un maravedí,
que le hinche el alholí
su mujer cada verano,   25
si piensa que grano a grano
se lo llegan las hormigas,
        cuatro higas.

5

Al que pretende más salvas
y ceremonias mayores   30
que se deben, por Señores,
a los Infantados y Albas,
siendo nacido en las malvas
y criado en las ortigas,
        cinco higas.   35

6

Al pobre pelafustán
que de arrogancia se paga,
y presenta la biznaga
por testigo del faisán,
viendo que las barbas dan   40
testimonio de las migas,
        seis higas.

7

Al que de sedas armado
tal para Cádiz camina,
que ninguno determina   45
si es bandera o si es soldado,
de su voluntad forzado,
llorado de sus amigas,
        siete higas.

24 *Alholí,* o *alfolí,* o *almodí* como dice una variante, es el granero,
público o particular.

8

Al mozuelo que en cambray,   50
en púrpura y en olores,
quiere imitar sus mayores,
de quien hoy memorias hay
que los sayos de contray
aforraban en lorigas,   55
      ocho higas.

9

Al bravo que echa de vicio,
y en los corrillos blasona
que mil vidas amontona
a la muerte en sacrificio,   60
no tiniendo del oficio
más que mostachos y ligas,
      nueve higas.

10

Al pretendiente engañado,
que, puesto que nada alcanza,   65
da pistos a la esperanza
cuando más desesperado,
figurando ya granado
el fruto de sus espigas,
      diez higas.   70

11

[Al que del uno al otro polo
es la hez de los poetas,

---

57 *Echar de vicio*: 'hablar con descaro y desenfado, diciendo lo
   que se viene a la boca, sin reparo alguno' (Ac).
65 *Puesto que*: 'aunque'.

y quiere tener sujetas
la nueve hermanas de Apolo,
y que a no ser por él solo,   75
fueran las pobres mendigas,
         once higas.

12

A la viuda de Siqueo,
si ya no es de regadío,
que calienta el lecho frío   80
con suspiros su deseo,
si no son (a lo que creo)
por Eneas sus fatigas,
         doce higas.

13

Al que, con ansia mortal   85
y encumbrados pensamientos,
anda bebiendo los vientos
por dejar fama inmortal,
porque no le hagan mal
tantos vientos y fatigas,   90
         trece higas.

14

Al que es Dotor o Maestro
de cualquiera Facultad,
y echa toldo y gravedad
teniéndose por más diestro,   95
pudiéndole echar cabestro,
y trabas en vez de ligas,
         treinta higas.]

73 *Quiere*: 'afirma', 'pretende'. Cf. la var. "piensa" de los mss.
BF y L.
78 *La viuda de Siqueo:* Dido, amante de Eneas. Juego de palabras con "regadío", con evidente sentido erótico.
91 *Trece higas*: en el ms. BF, única fuente de las dos últimas
estrofas, ésta es la décima, y el estribillo dice lógicamente "diez
higas".

XIII — [1593]

A toda ley, madre mía,
lo demás es necedad,
regalos de Señoría,
y obras de Paternidad.

A través de las declaraciones de una moza desenvuelta,
Góngora pasa revista a una serie de tipos masculinos (lindos,
bravucones, canónigos enamorados y poetas sentimentales),
como hizo en la letrilla XI. Pero ésta tiene otro alcance, ya
que la burla de los personajes ridículos es finalmente secun-
daria, y sirve para poner de realce el tema principal: sátira
antinobiliaria y, sobre todo, anticlerical. Nótese la perfecta
integración del estribillo al contenido y la rigurosa construcción de la letrilla (cosa bastante inhabitual), que acentúa su
poder explosivo: una estrofa de introducción, cuatro de revista
satírica, una de recapitulación y una de conclusión. El vocabulario también es más atrevido de lo que suele ser, con palabras abiertamente eróticas como "obras", "potente" y, sobre
todo, "hechor".
    Todo esto explica que esta letrilla no figure en ninguna edi-
ción antigua, salvo en un romancerillo impreso en Valencia
en 1593; téngase en cuenta que esos romancerillos valencianos
de fines del siglo XVI se parecían más bien a octavillas clan-
destinas que a libros autorizados. Así se explica también que
ciertos lugares difíciles del texto (el principio de la segunda
estrofa, por ejemplo) hayan sido estragados por una transmisión
esencialmente oral, y que sea necesario acudir al texto más
antiguo para corregirlos. Hasta la fecha de CH debe rectifi-
carse (1595), teniendo en cuenta la del romancerillo valenciano,
publicado dos años antes.
    En el romance anónimo "Quiero dejar de llorar", publicado
en la *Oncena parte* del *Romancero general* de 1604 (Durán,
n.º 1723), hay un recuerdo evidente de esta letrilla, que Trillo
y Figueroa, por su parte, plagió más tarde, modificándola y
publicándola como suya. Después de siglo y medio de olvido,
la volvió a descubrir Bartolomé José Gallardo, y la publicó,
con todo el cuidado que merecía esta perla, en el primer
número de su folleto *Criticón*, en 1835.
    Fue puesta en música, pero la partitura se ha perdido: sólo
se han conservado, en notación alfabética, los acuerdos de
acompañamiento para guitarra, que Miguel Querol Gavaldá
reproduce en su *Cancionero musical de Góngora* (pp. 86-87
y 92) a partir del Cancionero de Módena.

1 *A toda ley*: 'en todo caso', 'en cualquier circunstancia' (Aut.).

Aunque muy ajenos son,   5
Señora, mis verdes años
de maduros desengaños
y perfecta discreción,
oíd la resolución
que me dio el tiempo, despúes   10
que me distes al Marqués,
y yo me di a fray García:
a toda ley, madre mía,
lo demás es necedad,
regalos de Señoría   15
y obras de Paternidad.

Narcisos, cuyas figuras
dan por paga los pobretes,
y libran, de muy jinetes,
mi yerro en sus herraduras;   20
Ganimedes en mesuras,
enamorados y bellos,
bien sé yo que para ellos
Vuesa merced no me cría.
A toda ley, madre mía,   25
lo demás es necedad,
regalos de Señoría
y obras de Paternidad.

Muchos refranes empiezan por esta fórmula: véase Correas,
Vocabulario, p. 24a, donde se encontrarán ocho ejemplos.

17 El texto que adopto (aunque preferiría leer "Narcisos *que sus*
figuras") es el del romancerillo de 1593, muy parecido al que
adoptó Gallardo. También es interesante la lección de los
mss. AA, AP, E, R:

> Narcisos cuyas figuras
> son de su caudal los sietes,
> que libran...

Pero el texto de CH y de las principales ed. modernas (..."dan
por paga a los pobretes / que libran en mojinetes"...) está
estragado y no tiene sentido.

20 Esos Narcisos esperan seducirla ("libran su yerro") gracias a
su lindeza ("figuras") y al buen andar de sus caballos ("jinetes", "herraduras").

21 *Mesura*: 'reverencia'.

Orlandos enamorados,
que después dan en furiosos,   30
en las paces belicosos,
en las guerras envainados,
de bigotes engomados
y de astróloga contera,
¡nunca Dios me haga nuera   35
de la hermana de su tía!
A toda ley, madre mía,
lo demás es necedad,
regalos de Señoría
y obras de Paternidad.   40

Canónigos, gente gruesa,
que tienen a una cuitada
entre viejas conservada,
como entre paja camuesa:
dan poco y piden apriesa,   45
celan hoy, celan mañana;
muy humilde es mi ventana
para tanta celosía.
A toda ley, madre mía,
lo demás es necedad,   50
regalos de Señoría,
y obras de Paternidad.

Almidonados poetas,
por quien la beldad no acaba
de ser nido y ser aljaba   55
de Amor y de sus saetas,

---

34 Silueta de valentón, que anda con la mano en la empuñadura
de la espada, cuya contera le levanta la capa por detrás como
un anteojo dirigido hacia los astros.
44 Comparación burlesca, que se transformará en imagen poética
en el *Polifemo*:

> ...la pera, de quien fue cuna dorada
> la rubia paja y, pálida tutora,
> la niega avara y pródiga la dora.

(V. 78-80).

danme canciones discretas,
y es darme a mí sus canciones
gastar en Guinea razones
y cruces en Berbería.   60
A toda ley, madre mía,
lo demás es necedad,
regalos de Señoría
y obras de Paternidad.

Basta un señor de vasallos   65
y un grave potente flaire;
los demás los lleve el aire,
si el aire quiere llevallos;
hagan riza sus caballos,
acuchillen sus personas,   70
recen sus tercias y nonas,
celebren su poesía.
A toda ley, madre mía,
lo demás es necedad,
regalos de Señoría   75
y obras de Paternidad.

Sólo a éstos doy mi amor
y mis contentos aplico,
madre, al uno porque es rico,
al otro porque es hechor.   80
Llévame el fraile el humor,
el marqués me lleva en coche;
démosle al uno la noche
y al otro démosle el día.
A toda ley, madre mía,   85
lo demás es necedad,
regalos de Señoría
y obras de Paternidad.

80 *Hechor*: sobre el sentido erótico de "hacer", "hacienda", "hecho", "hechura", y por consiguiente "hechor", véase el índice
final de *Floresta de poesía erótica del Siglo de Oro*, p. 340a.

XIV — 1595

1

Ya de mi dulce instrumento
cada cuerda es un cordel,
y en vez de vihuela, él
es potro de dar tormento;
quizá con celoso intento   5
de hacerme decir verdades
contra estados, contra edades,
contra costumbres al fin.
No las comente el ruin,
ni las tuerza el enemigo,   10
    y digan que yo lo digo.

Tipo perfecto, y bien definido en la primera estrofa, de la
"sátira de estados" en forma de revista (cornudo, moza, mercader, viuda, escribano, dama, juez, tercera, doctor), de tono
harto provocativo, como lo subraya el estribillo. Su carácter
subversivo no estriba en los valores de los que se reclama aquí
el autor, que son los que admitía su época, sino en su rebe-
lión contra el silencio cómplice que la decencia impone, y en
algunas alusiones picantes, más atrevidas de lo que podía
tolerar la censura (v. 15, 30-32, 49, 73-74).

Se publicó por primera vez en el *Romancero general* de
1604 (*Docena parte*), luego en la *Segunda parte* de Madrigal
(1605), y, en 1627, en la edición Vicuña. Aunque el Pe. Pineda
y el Pe. Horio no la incluyeron en su lista de poesías censuradas, se suprimieron en las ediciones siguientes (Hoces) la
segunda y la tercera estrofa; omisión señalada en algunos mss.
(PV, SV, SVA) que reproducen estas estrofas con la mención
siguiente: "En el libro que se imprimió de las obras de D. L.
de G., empieza una letra *Ya de mi dulce instrumento,* y no se
permitió imprimir lo que se sigue".

En el ms. MLG hay una imitación a lo divino (fo. 49) que
el copista atribuye a Góngora:

El que en pecado comiere
téngame por enemigo,
    y digan que yo lo digo.

Examine cada cual...

                    (tres estrofas).

2

Si el pobre a su mujer bella
le da licencia que vaya
a pedir sobre la saya,
y le dan debajo della,   15
¿qué gruñe?, ¿qué se querella
que se burlan dél los Ecos?
¿Y qué teme en años secos,
si el necio a su casa lleva
quien en años secos llueva?   20
Coja, pues, en paz su trigo,
    y diga que yo lo digo.

3

De veinte y cuatro quilates
es como un oro la niña,
y hay quien le dé la basquiña   25
y la sarta de granates:
tiénelo por disparates
su madre y búrlase dello;
mas él se los echa al cuello,
porque el mismo fruto espera   30
que han de hacer, que en la higuera
la sarta del cabrahigo;
    y digan que yo lo digo.

En todo rigor, hubiera sido lógico transcribirla y ponerla entre las atribuidas, o por lo menos apócrifas. Pero como se
trata, de manera tan evidente, del error de un copista que
confundió el modelo y la imitación, espero que se me per-
donará esta omisión. Esta poesía a lo divino es de Alonso de
Bonilla, y se publicó en 1614 en sus *Peregrinos pensamientos,*
p. 119 (véase Miguel Herrero García, *Estimaciones literarias
del siglo XVII,* Madrid, Voluntad, 1930, p. 203).

17 Por el canto del cuclillo.
32 *Cabrahigo:* "Género de higuera silvestre, cuya fruta no llega
  a madurar, pero es medio para que las higueras maduren,
  por quanto cría unos mosquitos que, no hallando en su propia madre sustento, se van a las higueras cultivadas y frutífe-
  ras, y picando los higos por los ombligos, los horadan y gas-

4

Del mercader, si es lo mismo,
con vara y pluma en la mano,   35
condenarse en castellano
que irse al infierno en guarismo,
desátenme el silogismo
sus pulgadas y sus ceros,
su conciencia y sus dineros,   40
y tenga por cosa cierta
que, si le cierran la puerta,
en el Cielo no hay postigo;
   y diga que yo lo digo.

5

Ver sus tocas blanquear   45
a la viuda, eso me mueve
que ver cubierto de nieve
el puerto del Muladar;
déjase a solas pasar
de cualquiera forastero,   50
o peón o caballero;
y con sus amigas llora
a su esposo la señora,
como la Cava a Rodrigo;
   y digan que yo lo digo.   55

---

tan el humor aguoso que tienen, y aviendo abierto camino y
entrada al aire y al sol, son medio para que vengan a madurar". (Cov.).

"Acostumbran en Andalucía colgar sartas de cabrahigos de
las higueras. I quando los higos dellas van madurando, salen
de los cabrahigos unos mosquitos que, entrándose por las ex-
tremidades de los higos, melifican en ellos". (Nota de Chacón).

46 *Eso:* 'lo mismo'.
48 *Puerto de Muladar:* en la Sierra Morena. Compárese con este
chiste recogido por Melchor de Santa Cruz:
   "Un escudero que venía del Andalucía pasó el Puerto del
Muladar, y entrando en una venta que está de esotra parte del
Puerto, una mujer enamorada, no hermosa, agradóse de la buena disposición del escudero y aguardó a que estuviese solo;

6

Viendo el escribano que
dan a su legalidad
(por ser poco el de verdad),
nombre las leyes de fe,
su pluma sin ojos ve,   60
y su bolsa, aunque sin lengua,
por la boca crece o mengua
las razones del culpado,
la bolsa hecha abogado,
la pluma hecha testigo;   65
    y digan que yo lo digo.

7

Como consulta la dama
con el espejo su tez,
¿no consultará una vez
con la honestidad su fama?   70
Aspid al vecino llama
que la muerde el calcañar,
cuando sale a visitar
al copete o la corona,
y a los dos no les perdona   75
desde la joya al bodigo;
    y digan que yo lo digo.

---

y viéndole entrar en una cámara de la venta, entróse tras él
y cerró la puerta. El escudero dijo: "¿Qué mandáis, señora?".
Respondió: "Señor, hame parecido de buena disposición y en-
tro aquí para que se sirva de mí". Viéndola él tan determinada,
la dijo: "Señora, idos en buena hora, que yo no quiero pasar
el Puerto del Muladar dos veces en un día". (*Floresta*, XI, 4).
74 *Copete, corona*: nobles y clérigos. Véase la letrilla XIII.

8

Milagros hizo, por cierto,
un Alcalde, y lo vi yo,
que siendo vivo le dio   80
almas de oro a un gato muerto;
y aun es de tanto concierto
que se iguala y no se ajusta,
y si acaso a doña Justa
algo entre platos le viene,   85
deja la verdad, y tiene
a Platón por más amigo;
    y digan que yo lo digo.

9

Entrase en vuestros rincones
comadreando la vieja,   90
bien como la comadreja
en nido de gorrïones;
con madejas y oraciones
os quiebra o degüella en suma,
ora en huevos, ora en pluma,   95
la honra de vuestra hija;
destas terceras, clavija
sea la rama de un quejigo;
    y digan que yo lo digo.

80 Dio el alma, y aun muchas almas (de oro), sin morir, "siendo vivo": ahí está el milagro.
81 *Gato*: 'bolsa'. Se dice comúnmente que los gatos tienen siete almas: de ahí la transposición metafórica de "moneda"-"bolsa" a "alma"-"gato".
83 Este juez es tan acomodaticio ("de tanto concierto") que se pone al nivel de los pleiteantes ("se iguala"), sin preocuparse por la justicia ("no se ajusta"). La casi sinonimia de los verbos *concertar, igualar* y *ajustar* provoca cierta ambigüedad.
84 *Doña Justa*: la mujer del juez (o alcalde).
85 *Entre platos*: véase la letrilla XI, v. 63.
87 *Platón*: "Amicus Plato, sed amicior veritas", solían decir los escolásticos, refiriéndose a Aristóteles. El juego de palabras "Platón"-"plato" era corriente.
98 *Tercera*: 'alcahueta' y 'cuerda de la guitarra'.

10

El doctor mal entendido,   100
de guantes no muy estrechos,
con más homicidios hechos
que un catalán forajido,
si son de puñal buïdo
las hojas de su Galeno,   105
y si partir puede el freno
y el dinero con su mula,
mate, y sírvale de bula
la carta que trae consigo;
    y diga que yo lo digo.   110

108 *Carta*: la "carta de examen" que permite al médico el ejercicio de su oficio; puede, gracias a ella, matar sin ser perseguido, como el cristiano puede, gracias a la bula, comer carne
el viernes sin condenarse.

XV — 1600

*Allá darás, rayo,
en cas de Tamayo.*

1

De hospedar a gente extraña,
o Flamenca o Ginovés,
si el huésped overo es   5
y la huéspeda castaña,
según la raza de España,
sale luego el potro bayo.
    *Allá darás, rayo,
    en cas de Tamayo.*   10

1 *Allá darás, rayo.* Correas apunta este refrán, y señala dos variantes: "en casa de Ana Gómez" y "en casa de Ana Díaz".
Rodríguez Marín añade otra: "Allá darás, rayo, que no en mi
sayo". Por mi parte, he encontrado la forma "que no en mi
contento" en un romance publicado en 1592 (*Fuentes*, IV,
fo. 72), reeditado en 1593 con la alteración (¿o corrección?)

2

De muy grave la viudita
llama padre al Capellán
con quien sus hijos están,
y Amor que la solicita
hace que por padre admita   15
al que recibió por ayo.
    Allá darás, rayo,
    en cas de Tamayo.

"que no en mi centeno" (*Fuentes,* VII, fo. 356). Adviértase por fin que la mayoría de los buenos mss. escriben "en cas e" o "en case Tamayo", más castizo quizá que "en cas de Tamayo".

Pero el verdadero problema no es el de la forma, siempre variable en los refranes, sino de su aplicación y sentido verdadero. Es de notar que estas cinco estrofas nos presentan cinco casos de lo que autores más serios hubieran llamado "deshonra familiar". No corresponden a este tipo de situaciones, o corresponden mal las explicaciones que dan los diccionarios y que se vienen repitiendo en todas partes a propósito de este refrán: "indiferencia con que el egoísmo mira los males ajenos" (Ac.); "apego del amor propio, que huye de los males y se interesa poco en que sucedan, con tal que dañen, no a sí, sino a otros" (Aut.).

No parece haberse tenido en cuenta, hasta ahora, la definición que sugiere Covarrubias en su pintoresco comentario de la interyección italiana *capari* (s. v. *alcaparra,* p. 73b): "quando le dizen cosa que no le venga a propósito, especialmente si lo toma por pulla, responde con otra diziendo *capari*, que es como si en castellano dixésemos: oxte, guarda fuera, allá darás rayo; es una manera de imprecación y maldición, como si dixera: véngate la almorrana, por quanto a los páticos (παθικός, 'sodomita pasivo', R. J.) les nacen almorranas, que algunas tienen semejança a las alcaparras, como otras a los higos". Más que irrisión de la desgracia ajena, el estribillo es, pues, enérgica repulsa, "imprecación y maldición" o, si se quiere, fórmula de conjuro contra cierta amenaza (pero conjuro irónico, porque Góngora no tomó nunca en serio este tipo de desgracias).

En un sabroso soliloquio del *Quijote*, podemos ver al bueno de Sancho Panza asociar dos de las tres interyecciones señaladas por Covarrubias, en un contexto que confirma la interpretación del autor del *Tesoro:* "¡Oxte, puto! ¡Allá darás, rayo!

3

Alguno hay en esta vida,
que sé yo que es menester   20
que a su querida mujer
(¡nunca fuera tan querida!)
tomen antes la medida
que a él le corten el sayo.
            Allá darás, rayo,   25
            en cas de Tamayo.

4

Con su lacayo en Castilla
se acomodó una casada;
no se le dio al señor nada,
porque no es gran maravilla   30
que el amo deje la silla,
y que la ocupe el lacayo.
            Allá darás, rayo,
            en cas de Tamayo.

¡No, sino ándeme yo buscando tres pies al gato por el gusto
ajeno! (...) ¡El diablo, el diablo me ha metido a mí en esto,
que otro no!". (Parte II, cap. 10; t. IV, de la ed. Rodríguez
Marín, pp. 211-214). Véase también un curioso soneto de Lope,
intitulado "*A Tamayo, consolándole de que todos le maldigan
sin culpa*" (*BAE*, t. XXXVIII, p. 387).

4 *Ginovés*: forma femenina poco corriente, por *ginovesa*, que
Góngora emplea en otras poesías.

5 *Huésped*: el que es hospedado (flamenco o ginovés), de pelo
"overo", es decir, rubio muy claro. La huéspeda, aquí, es la
que le da hospedaje, española, de pelo castaño. Sobra decir que
el marido de la huéspeda ha de ser moreno.

8 *Bayo*: 'rubio'.

11 No censuraron esta letrilla Pineda ni Horio, aunque figura
íntegra en la ed. Vicuña; pero en las ed. siguientes (Hoces) se
suprimieron ésta y la quinta estrofa.

24 Dos expresiones vecinas por su sentido figurado ("tomar la
medida": 'examinar', 'juzgar'; "cortar un sayo": 'decir mal
de uno') y tomadas aquí en su sentido concreto, con marcada
intención erótica.

5

Opilóse vuestra hermana   35
y diola el Doctor su acero;
tráela de otero en otero
menos honesta y más sana;
diola por septiembre el mana,
y vino a purgar por mayo.   40
        Allá darás, rayo,
        en cas de Tamayo.

39 Es exactamente el asunto de la comedia de Lope *El acero
   de Madrid*: para curar las jóvenes opiladas, los médicos rece-
   taban el acero (agua acerada) y mucho andar, subiendo y ba-
   jando cuestas. Doble sentido de "acero", "mana" y "purgar".

XVI — 1600

Los dineros del Sacristán
cantando se vienen y cantando se van.

Tres hormas, si no fue un par,
fueron la llave maestra
de la pompa que hoy nos muestra   5
un hidalgo de solar;
con plumajes a volar

   En cinco estrofas, que son como cinco novelas condensadas,
el autor nos cuenta cómo se hacen rápidamente, y cómo se
deshacen más pronto todavía herencias y caudales: es, en el
fondo, el tema medieval de la inestabilidad de la Fortuna,
actualizado como en la letrilla VIII, y aplicado aquí concretamente al dinero. Es de notar que el año 1600 parece marcar,
en la obra de Góngora, la aparición de este tema que ya no
abandonará.
2 Idéntico en Correas, pero no en Hernán Núñez: "La hacienda
   del abad, cantando viene y chiflando va". Es posible que Góngora le haya dado la forma que tiene en esta letrilla, y de allí
   haya pasado luego al *Vocabulario* de Correas.
6 *Solar*: sustantivo, significa 'casa noble', y verbo, 'echar suelas
   al zapato'.

un hijo suyo salió,
que asuela lo que él soló,
y la hijuela loquilla   10
de ámbar quiere la jervilla
que desmienta al cordobán.
Los dineros del Sacristán
cantando se vienen y cantando se van.

Dos Troyanos y dos Griegos,   15
con sus celosas porfías,
arman a Elena en dos días
de joyas y de talegos;
como es dinero de ciegos,
y no ganado a oraciones,   20
recibe dueñas con dones

---

11 *De ámbar:* de cuero curtido con ámbar. Se trata de un objeto
de lujo muy preciado y muy caro: véase la larga nota de Rodríguez Marín en su ed. del *Quijote*, t. II, pp. 219-221. El padre
de esta muchacha trataba en cuero de macho cabrío ("cordobán"), de olor fuerte y plebeyo, que ella quiere "desmentir"
con la aristocrática fragancia del ámbar.

17 Robada por Paris a Menelao, Elena fue el objeto de "celosas
porfías" que desencadenaron la guerra de Troya. Homero nos
la presenta, cada vez que aparece en la *Ilíada*, como hermosa,
digna y melancólica, lamentando su suerte y las desgracias
que provocó a pesar suyo: de ahí la palabra "melarquía" ('melancolía'). Y como es personaje real, le conviene también la
noción de "grandeza".
    Ahora bien, lo que Góngora nos cuenta aquí no es la his-
toria de Elena de Troya, sino la de alguna aventurera que,
después de enriquecerse a costa de sus pretendientes ("ciegos"), elige por amante al competidor menos esperado: un
enano, que es al mismo tiempo el bufón ("truhán") de algún
noble. Esta estrofa se inspira de un episodio célebre del Arios-
to (*Orlando furioso*, XXVIII), que Juan de Timoneda resu-
mió en su *Patraña octava*, y que se volverá a encontrar en la
Serrana de la Vera de Luis Vélez de Guevara.

21 *Dueñas*: las alcahuetas que le traen regalos ("dones") de sus
enamorados.

y un portero rabicano;
su grandeza es un enano,
su melarquía un truhán.
Los dineros del Sacristán   25
cantando se vienen y cantando se van.

Labra el letrado un Real
Palacio, porque sepades
que interés y necedades
en piedras hacen señal;   30
hácelo luego hospital
un halconero pelón,
a quien hija y corazón

---

22 *Portero rabicano*: un mensajero rápido. El adjetivo "rabicano" parece ser una alusión al famoso caballo del *Orlando innamorato* de Boyardo:

Al hijo dio un caballo poderoso,
de que el mozo se halla muy contento;
llámase Rabicán, fuerte, animoso,
y no le pasa en ligereza el viento.
(Trad. de H. de Acuña, en *Bibl. de ant. libros hisp.*, serie A, t. XXIV, p. 393).

Cf. la expresión "escudero portante", letrilla XXII, v. 21.
27 Caso típico del letrado enriquecido (ascensión burguesa) que casa a su hija con un hidalgo pobre para ennoblecer su descendencia.
29 *Necedades*: no se trata aquí de la necedad de los pleiteantes, sino de la necedad mayor que consistía, según la opinión de los españoles del siglo XVI, en construir una casa. Véanse en el *Refranero ideológico* de Luis Martínez Kleiser los nos. 13.085 a 14.141: hay más de cincuenta proverbios inspirados en la misma reprobación.
Véase también el siguiente apotegma de Melchor de Santa Cruz, que parece haber sido la fuente de los primeros versos de esta estrofa: "Un letrado labraba unas casas, en que había gastado cuanto tenía. Vino allí uno a quien ayudaba en un pleito, a pedir su parecer sobre cierto descuido que en el pleito había tenido. Díjole el letrado: Hacéis mil necedades, y luego culpan a los letrados. Respondió: Las necedades que yo hago son livianas, mas ésa que v. md. ahora hace es de cal y canto". (*Floresta de apotegmas*, n.º 303).

dio en dote, que ser le plugo,
para la mujer verdugo,   35
para el dote gavilán.
Los dineros del Sacristán
cantando se vienen y cantando se van.

Con dos puñados de sol
y cuatro tumbos de dado   40
repite el otro soldado
para Conde de Tirol;
Fénix le hacen Español
collar de oro y plumas bellas;
despidiendo está centellas   45
de sus joyas, mas la suerte
en gusano le convierte
de pájaro tan galán.
Los dineros del Sacristán
cantando se vienen y cantando se van.   50

30 Alusión a unos versos conocidos, que fueron glosados muchas
   veces en el siglo XVI:

> *Las tristes lágrimas mías*
> *en piedras hacen señal,*
> *y en vos nunca por mi mal.*

32 *Halcone*ro: la mujer "halconera" es la que halconea, es decir,
   que anda a caza de hombres. Es posible, pues, que, modificando el género habitual de esta palabra, Góngora haya querido designar al hidalgo cazador de dotes. Que sería hidalgo,
   lo sugieren las palabras "pelón" y, al final de la estrofa,
   "gavilán", que parece aludir a un refrán conocido: "Hidalgo
   komo el gavilán. *Del ke es hidalgo tan pobre, ke no tiene*
   más de lo ke por sus uñas i piko pudiere aver. (Correas, *Vo-*
   cabulario, 591b).
      Pelón: 'sin dinero' y quizá, más etimológicamente, 'calvo',
   por la enfermedad venérea que tiene y que comunica a su
   mujer, transformando la casa en hospital.
42 Los condes de Tirol fueron célebres por su riqueza y su des-
   pilfarro.
46 De las cenizas del Fénix nacía un gusano, larva del futuro
   Fénix.

Herencia, que a fuego y hierro
mal logró cuatro parientes,
halló al quinto con los dientes
peinando la calva a un puerro;
heredó por dicha o yerro,   55
y a su gula no perdona;
pavillos nuevos capona,
mientras francolines ceba,
y al fin en su mesa Eva
siempre está tentando a Adán.   60
Los dineros del Sacristán
cantando se vienen y cantando se van.

54 *Puerros*: símbolo de penitencia y pobreza. "Somos gente que
comemos un puerro, y representamos un capón", dice el fa-
mélico hidalgo del *Buscón* (I, 13). Puede parecer curiosa la
asociación de ideas "puerro"-"calva", pero era corriente para
el público de 1600. Cf., otra vez, la *Floresta* de Santa Cruz:
"En un juego de cañas que se hizo en Valladolid, salió un
cavallero muy cano vestido de verde; y al pasar de la carrera,
cayósele la máscara, y quedó la *calva* de fuera. Preguntó el
Emperador al truhán don Francés: ¿Qué te parece de aquel
caballero? Respondió: Que no he visto en mi vida *puerro*
que tan bien haya pasado la carrera".

XVII — 1601

Dineros son calidad,
¡verdad!
Más ama quien más suspira,
¡mentira!

Dinero y amor, en cuatro alternancias. Publicada en 1604
en la *Docena parte* del *Romancero general*, esta letrilla salió
también íntegra en la ed. Vicuña, sin que la criticaran los
censores inquisitoriales. Pero en las ediciones posteriores (Hoces) fue censurada la cuarta estrofa, supresión señalada por
los mss. SV, SVA, Q y PE: "También en otra letrilla que
empieza *Dineros son calidad*, no se permitió imprimir lo siguiente: En Valencia muy preñada...". En realidad las estrofas 6 y 8 son más atrevidas, pero también más difíciles, lo

1

Cruzados hacen cruzados,   5
escudos pintan escudos,
y tahúres muy desnudos
con dados ganan Condados;
ducados dejan Ducados,
y coronas Majestad: 10
        ¡verdad!

2

Pensar que uno solo es dueño
de puerta de muchas llaves,
y afirmar que penas graves
las paga un mirar risueño,   15
y entender que no son sueño
las promesas de Marfira:
        ¡mentira!

3

Todo se vende este día,
todo el dinero lo iguala: 20
la Corte vende su gala,
la guerra su valentía;
hasta la sabiduría
vende la Universidad:
        ¡verdad!   25

---

que explica sin duda que hayan escapado a los censores: para
algo servía la dificultad gongorina.
1 Citado por Lope en *El premio del bien hablar*:

>   Dineros son calidad,
>   dijo el cordobés Lucano.

En *Lo que son mujeres* de Rojas Zorrilla (I, 2) se le califica
de "refrancillo", y Rodríguez Marín lo recoge como tal. Pero
Correas no lo consideró como refrán, y no lo puso en su
Vocabulario.
5 *Cruzados*: moneda portuguesa de oro con una cruz (y caballeros de una orden militar). "Escudos", "ducados" y "coronas" tienen también doble sentido.

4

En Valencia muy preñada
y muy doncella en Madrid,
cebolla en Valladolid
y en Toledo mermelada,
Puerta de Elvira en Granada   30
y en Sevilla doña Elvira:
         ¡mentira!

5

No hay persona que hablar deje
al necesitado en plaza;
todo el mundo le es mordaza   35
aunque él por señas se queje;
que tiene cara de hereje
y aun fe la necesidad:
         ¡verdad!

---

28 *Cebolla*: simboliza lo plebeyo, opuesto al refinamiento que
sugiere "mermelada". Cf. esta anécdota de Melchor de Santa
Cruz: "Un hidalgo pobre, que se había casado con la hija
de un labrador rico porque le dieron gran dote, decía que
aquel casamiento era como morcilla, que él puso la sangre y el
suegro las cebollas". (*Floresta*, 442).

38 La necesidad no tiene sólo la cara, sino también la fe de un
hereje. Alusión a lo que hacían los inquisidores con ciertos
herejes, a quienes ponían una mordaza cuando los sacaban en
la plaza para quemarlos. Compárese con la letrilla XXV,
v. 23-26, o con las décimas al marqués de Guadalcázar:

> Y aunque os hayan puesto pena,
> haced del Palacio *plaza*,
> si no os ha puesto *mordaza*
> la que os puso en su cadena.

(Millé, 111).

6

Siendo como un algodón,   40
nos jura que es como un hueso,
y quiere probarnos eso
con que es su cuello almidón,
goma su copete, y son
sus bigotes alquitira: 45
     ¡mentira!

7

Cualquiera que pleitos trata,
aunque sean sin razón,
deje el río Marañón,
y entre el río de la Plata;   50
que hallará corriente grata
y puerto de claridad:
     ¡verdad!

8

Siembra en una artesa berros
la madre, y sus hijas todas   55
son perras de muchas bodas
y bodas de muchos perros;
y sus yernos rompen hierros
en la toma de Algecira:
     ¡mentira!   60

45 *Almidón, goma, alquitira:* la rigidez de su cuello, su copete
y sus bigotes quiere simbolizar una virilidad que no tiene.
49 El río Marañón (antiguo nombre del Amazonas) sugiere el en-
marañamiento de los pleitos. En cuanto al río de la Plata,
su simbolismo es todavía más evidente.
54 "Para encarecer los embustes de alguna vieja, notándola de
hechicera, dezimos que hará nacer berros en una artesa".
(Cov.).
57 "—Perro de muchas bodas, no puedo veros. —Ni io a vos,
boda de muchos perros". *Aguda rréplika i segidilla antigua*
(Correas, *Vocabulario*, p. 468a).
59 *La toma de Algecira*: esta alcahueta hechicera sabe, como Celestina, remendar el virgo de sus "hijas", de modo que sus
"yernos" (los clientes a quienes las vende por vírgenes) tienen

que afanarse bastante ("rompen hierros") para apoderarse de...
Algecira. El sentido erótico de esta expresión bélica es evi-
dente, sobre todo cuando se la compara con la "toma de
Calés" de la letrilla atribuida LXXXVII (v. 60).

XVIII — 1602

Cura que en la vecindad
vive con desenvoltura,
¿para qué le llaman cura,
si es la misma enfermedad?

El Cura que seglar fue,   5
y tan seglar se quedó,
y aunque órdenes recibió

    Falta en las ediciones antiguas, tanto la de Vicuña como las
de Hoces. Pero tuvo indiscutiblemente éxito, ya que figura
en varios cancioneros musicales: el de la Casanatense, publicado por Ch. V. Aubrun, y el de Claudio de la Sablonara. La
música es del famoso Mateo Romero ("Capitán"). La reproduce Miguel Querol Gavaldá en su *Cancionero musical de
Góngora*, pp. 87-88 y 93-94.
    Puede sorprender, a primera vista, el tono bastante morali-
zador de esta sátira: el juego de palabras inicial "cura"-"enfermedad" parece haber llevado a Góngora, contra su costumbre,
a oponer lo que debe ser el cura a lo que es en realidad en
ciertos casos. Pero no se trata sino de un reformismo superfi-
cial y accidental: la sustancia de esta letrilla la constituyen los
chistes sobre la incontinencia del clero, de abolengo popular,
como todo el anticlericalismo de su poesía. Basta, para con-
vencerse de ello, comparar esta letrilla con la imitación que
hizo de ella, unos años más tarde, un poeta menos atrevido,
Francisco López de Zárate: en cuatro estrofas, de estribillo
idéntico, satiriza al cura interesado, codicioso, intrigante, ma-
lévolo e hipócrita. Las alegres insinuaciones del anticlericalismo tradicional desaparecen ante consideraciones morales mucho más conformistas (*Obras varias de Francisco López de
Zárate*, ed. de José Simón Díaz, Madrid, 1947, p. 393). Es de
notar que esta letrilla está incluida en un conjunto de tres
poesías, sin título y sin separación, como para disimularla:
a pesar, en efecto, de su carácter más ortodoxo, es evidente
que la imitación de Zárate podía también disgustar a los
censores.
5 El ms. Q intitula esta poesía *Villancico a Lope de Vega,* lo
cual correspondería bastante bien con esta primera estrofa.

hoy tan sin orden se ve,
pues de sus vecinas sé
que perdió la continencia,   10
no le llamen Reverencia,
que se hace Paternidad.
Cura que en la vecindad, etc.

Si una y otra es su comadre
de cuantas vecinas vemos,   15
de hoy más su nombre mudemos
de Cura en el de Compadre;
y si le llamare Padre
algún rapaz tiernamente,
la voz de aquel inocente   20
misterio encierra y verdad.
Cura que en la vecindad, etc.

Cura que a su barrio entero
trata de escandalizallo,
ya no es Cura, sino gallo   25
de todo aquel gallinero;
si enfermó por su dinero
a las más que toca, el Preste
ya no es cura, sino peste
por tan mala cualidad.   30
Cura que en la vecindad, etc.

Pero no se puede admitir esta interpretación por razones cro-
nológicas: la letrilla es de 1602, y Lope de Vega no se ordenó
de sacerdote hasta 1614.
    Lo mismo se puede decir a propósito de la utilización de
este estribillo por Tirso de Molina, que lo cita dos veces, en
El amor médico (II, 5) y en *La fingida Arcadia* (III, 6), comedias escritas ambas en 1621: se trata en los dos casos de
médicos y no de sacerdotes, y es inverosímil la hipótesis de
Blanca de los Ríos, que quiere ver en estas citas una alusión
maldiciente a Lope de Vega.
14 CH y la mayoría de los mss. dan: "Si es una y otra comadre".
    Adopto el texto de *au*, FC, L, LAZ y Q, más claro.
27 "Que enfermó" en CH y nueve mss. más. Sigo el texto de AA,
    au, BL, E, I, Q.

[Si acaso con su velada
le halla el bobo marido,
le dice que él ha venido
a echalle su santiguada;   35
la tacaña, apasionada
del dómine y su hisopillo,
hace a su novio novillo,
¡vive Dios! que es gran ruindad.
Cura que en la vecindad, etc.]

32 Todos los mss., menos el Cancionero de Sablonara, ignoran
esta cuarta estrofa. El juego de palabras "novio"-"novillo"
huele a imitación de Góngora (letrilla XXXV), y conviene considerarla como dudosa.
37 *Hisopillo, echar su santiguada*: doble sentido.

XIX — [a . 1610]

¡Oh, qué lindico!
¡Oh, qué lindoque!

1

Que pretenda el mercader,
sin que al grande ni al chico
restituya un alfiler,   5
en Nombre de Dios tener
lo que hurtó en Puerto Rico,
    ¡oh, qué lindico!

Sin fecha en CH, por haber llegado a manos del recopilador después de la muerte de Góngora. Pero es indudablemente auténtica, como lo confirma el romance "Poeta de ¡oh, qué
lindicos!", atribuido a Quevedo, y dirigido precisamente contra Góngora. El análisis de este romance satírico (alusiones a
las décimas de Góngora contra Galicia de 1609, y al soneto
"Anacreonte español, no hay quien os tope", escrito hacia 1609
o 1610), permite situarlo alrededor de 1610, lo que indicaría
que esta letrilla, claramente aludida en el primer verso, hubo
de ser escrita poco antes.
2 ¡O, ké lindiko! Mas, ¡o ké lindoke! *Fórmase "lindoke" por
grazia*. (Correas, *Vocabulario*, p. 166a).
6 *Nombre de Dios*: ciudad de Méjico. Juego de palabras como,
más abajo, v. 19, "Parla" ('charla') y "Getafe" ('jeta'). Son

2

Que disimule un paciente,
sin que a risa me provoque,   10
que en el espejo luciente
nunca se ha visto la frente
coronada de alcornoque,
        ¡oh, qué lindoque!

3

Que una moza que bien charla,   15
dama entre picaza y mico,
me quiera obligar a amarla,
siendo su pico de Parla
y de Getafe su hocico,
        ¡oh, qué lindico!   20

4

Que Ero se precipite
por la mitad de un bayoque,
y ser Tisbe solicite
quien por menos de un confite
se envaina en cualquier estoque,   25
        ¡oh, qué lindoque!

---

corrientes en las poesías de Góngora estos chistes sobre nombres de ciudades: "Braga" en la letrilla XXVI, "Gala-pagar"
(letrilla XXIII), "Logroño" (de 'logro') en el romance 53 de
Millé, etc. Tipo de chiste popular, al que Correas llama "hacer
los nombres de lugares": "El lunes a la Parla, el martes a Pa-
liza, el miércoles a Puño en Rrostro, el xueves a Kozes, el
viernes a la Greña, el sábado Zierne i Masa, el domingo Des-
kansa" (p. 90a).
13 *De alcornoque*: es decir, "de cuerno". Cf. letrilla XXXV, v. 8.
22 *Bayoque*, o bayoco: "moneda extrangera de Italia; vale de
la nuestra poco más de tres maravedís, es moneda baxa; y
como en Castilla dezimos por desprecio: No vale una blanca,
dizen allá: No vale un bayoco". (Cov.).

5

Que pretenda una doncella
que por su gracioso pico
se case un hombre con ella,
y cualquiera la atropella   30
por el interés más chico,
        ¡oh, qué lindico!

6

Que piense un bobalicón
que no hay quien su dama toque,
y en la casa del rincón   35
sé que la tomó un peón
y que no la quiso un Roque,
        ¡oh, qué lindoque!

7

Que pretenda un estudiante,
aun siendo galán, y rico,   40
rendir a doña Violante
con hacer muy del amante
sin dejar flaco el bolsico,
        ¡oh, qué lindico!

33 *Dama, tocar, casa del rincón, tomar, peón* y *roque* son palabras del vocabulario del ajedrez, empleadas aquí en doble
sentido.

XX — [¿1612?]

CONTRA UN PRIVADO

C - *Arroyo, ¿en qué ha de parar*
    tanto anhelar y morir,
    tú por ser Guadalquivir,
    Guadalquivir por ser mar?
A - *Carillejo, en acabar*   5
    sin caudales y sin nombres,
    para ejemplo de los hombres.

Alegoría perfecta, inocente para quien se atiene a la letra.
Aunque no figura en CH, de donde fue excluida sin duda por
el carácter satírico personal que le atribuyeron todos, es indiscutiblemente de Góngora: en esto concuerdan la mayoría de
los mss, el autor del *Escrutinio,* Salcedo Coronel, etc. Tampoco se puede poner en duda la afirmación del *Escrutinio* en
cuanto a la identidad del "privado" contra quien está dirigida
esta sátira:
    "Una letrilla que dice *Arroyo, ¿en qué ha de parar*: se
hizo a Don Rodrigo Calderón en su mayor privanza, y no a
un Fulano de Arroyo, como dice el curioso (Hoces, R. J.); si
ya no es batería para no declarar el asunto".
    El principio de la segunda estrofa parece aludir más precisa-
mente a la ambición nobiliaria de Rodrigo Calderón quien,
"desdeñando" su verdadero origen, trató de hacerse pasar por
hijo bastardo del viejo duque de Alba. Esta tentativa bastante
ridícula (¿o calumnia de sus enemigos para ridiculizarlo?)
provocó cierto escándalo en Madrid en el mes de septiembre
de 1612, durante el viaje a Flandes de Calderón, según Cabrera de Córdoba. Lo confirma una carta de Lope (véase
Noël Salomon, *La date de Peribáñez,* en *Mélanges offerts à
Marcel Bataillon,* 1962, pp. 635-636). Es muy verosímil que
Góngora escribiría desde Córdoba sus maldicientes versos hacia la misma época, influido quizá por los comentarios que
oiría a su alrededor.
    A algunos críticos les pareció contradictorio que don Luis
escribiese una sátira contra su protector. Pero, en 1612, no le
debía nada, al parecer, al valido del duque de Lerma, quien
empezó a protegerlo sólo a partir de 1617, cuando Góngora
vino a Madrid. Y es muy sabido que, a partir de esta última
fecha hasta la muerte trágica de su protector, Góngora le permaneció fiel, como se puede ver tanto en sus cartas como en
sus poesías.

C - Hijo de una pobre fuente,
   nieto de una dura peña,
   a dos pasos los desdeña   10
   tu mal nacida corriente;
   si tu ambición lo consiente,
   ¿en qué imaginas, me di?
   Murmura, y sea de ti,
   pues que sabes murmurar.   15
   Arroyo, ¿en qué ha de parar, etc.

C - ¿Qué día tienes reposo?
   ¿A qué noche debes sueño?
   Si corres tal vez risueño,
   siempre caminas quejoso;   20
   mucho tienes de furioso,

No sabemos en qué circunstancias se reconciliaría con el marqués de Siete Iglesias. Lo cierto es que no tardó mucho tiempo en arrepentirse de haber escrito esta letrilla, cuyo éxito parece haberle ocasionado ciertos disgustos (pero no un encarcelamiento, como lo pretende Salcedo Coronel), como lo prueba el soneto "No más moralidades de corrientes" (ed. Ciplijauskaité, n.º XX, p. 269), palinodia irónica y vuelta a su apolitismo de siempre.

Hubo imitaciones, contra Olivares y otros. Blanca de los Ríos considera también como inspirada en esta letrilla la escena V de la jornada tercera de la *La elección por la virtud* (*Obras dramáticas* de Tirso de Molina, t. I, pp. 179-180 y 221b), pero confieso que la imitación no me parece evidente.

5 Toda la letrilla es un diálogo entre el arroyo y el pastor Carillejo (o Carrillejo, según el texto de Hoces), como lo indican la mayoría de los buenos mss. Esta división del texto entre dos interlocutores no aparece en las ediciones antiguas ni modernas, que hacían incomprensible el estribillo y dieron pie a las interpretaciones descabelladas de Artigas (*Biografía...*, pp. 118-119), Justo García Soriano y Astrana Marín, los cuales vieron en esta letrilla un ataque contra el tío o el padre del poeta Luis Carrillo ("Carrillejo") de Sotomayor.

21 La equivalencia entre el tirar piedras y la locura, apuntada formalmente por Covarrubias ("Tirar piedras: estar loco"), dio lugar a cantidades de chistes y equívocos en la literatura del Siglo de Oro.

aunque no en el tirar cantos,
y así tropiezas en tantos
cuando te quiés levantar.
Arroyo, ¿en qué ha de parar, etc.   25

C - Si tu corriente confiesa
sin intermisión alguna
que la cabeza en la cuna
y el pie tienes en la huesa,
¿qué fatal desdicha es ésa   30
en solicitar tu daño?
Pésame, que el desengaño
la vida te ha de costar.
Arroyo, ¿en qué ha de parar, etc.

33 Profecía involuntaria: nueve años después (si se admite la fecha de 1612) murió Rodrigo Calderón en el cadalso; y extraña
ceguera al mismo tiempo, ya que don Luis se acogió a su
protección en 1617, cuando ya empezaba a palidecer la estrella del valido, cuya amistad le había de ocasionar más
dificultades en sus pretensiones, como él mismo lo declara en
su correspondencia.

XXI — 1624

Tejió de piernas de araña
su barba un Colegïal,
pensando con ella el tal
gobernar a toda España.

2 *Barba*: símbolo de sabiduría.
4 Una colegiatura ayudaba mucho para conseguir algún puesto
en la jerarquía civil o eclesiástica. Pero la Universidad de Sigüenza (igual que la de Osuna y la de Oñate) tenía muy poco
prestigio, lo que debería avergonzar a este pretencioso cole-
gial.
   Con la misma ironía nos dice Cervantes, en el primer ca-
pítulo del *Quijote,* que el ingenioso hidalgo había tenido muchas discusiones con el cura de su aldea, "hombre docto,
graduado en Sigüenza" (aunque luego aparece que este cura
no es ignorante ni tonto).

Cuando el impulso le engaña   5
de las partes que no tiene,
pisándose a Madrid viene
la barba desde Sigüenza:
        ¡tenga vergüenza!

Alguno conozco yo   10
que Médico se regula
por la sortija y la mula,
por el ejercicio no:
toda su vida salió
a vender de balde peste,   15
nadie le llamó, ¡y que a éste
su ocio no le convenza!
        ¡Tenga vergüenza!

El marido de la bella
que nos vende por fiel,   20
vistiéndose aquello él
que gana desnuda ella,
paciente sus labios sella,
buscándole ella por eso
entre dos plumas de hueso   25
una de oro en rica trenza:
        ¡tenga vergüenza!

La mayor legalidad,
si el preso tiene dinero,
salvadera hace el tintero,   30
salvando su libertad;
que mentira es la verdad
del que es litigante pobre;
gato, aun con tripas de cobre,
no habrá gato que no venza;   35
        ¡tenga vergüenza!

---

6 *Las partes*: 'los méritos'.
11 *Médico se regula*: 'se deduce que es médico'.
25 El oro y los cuernos ("plumas de hueso") forman un penacho
   simbólico.
35 No hay gato ('ladrón', es decir, 'escribano') que no sea vencido

En tener dos no repara
doña Fulana Interés,
que sólo de esgrima es
esto de guardar la cara;   40
de sí ya tan poco avara,
que el cuatrín no menos pilla
a Oliveros de Castilla
que a un hilero de Olivenza:
      ¡tenga vergüenza!   45

¡Cuanto hoy hijo de Eva,
afectando lo galán,
se desmiente en un Jordán
que ondas de tinta lleva,
forma sacando tan nueva   50

---

por un gato ('bolsa'). La asociación de ideas "gato"-"ladrón"-
"escribano" era corriente:

"Estando predicando en la Iglesia de San Salvador a la
fiesta que hace la Congregación de Escribanos, echó algún
entretenido un gato por la media naranja. Alborotóse el audi-
torio, y el predicador dijo: No se alteren, déjenlo bajar, que
es un cofrade que ha llegado algo tarde". (Francisco Asensio,
Floresta española y hermoso ramillete de agudezas, III, 4).

37 *No repara*: 'no vacila'.

40 *Guardar la cara*: 'guardarle a uno buenas ausencias', 'serle fiel'.
Véase el *Vocabulario andaluz* de Antonio Alcalá Venceslada,
donde se cita un texto de 1694.

43 *Oliveros de Castilla*: el héroe de la famosa *Historia de los
nobles caballeros Oliveros de Castilla y Artús de Algarve,*
novela de caballería traducida del francés.

44 *Hilero*: Cov. y Acad. dan sólo la forma femenina ("hilera":
'hilandera'). Es posible que Góngora haya escogido este oficio
por la acepción erótica frecuente del verbo "hilar". (Cf. *Floresta de poesías eróticas del Siglo de Oro,* vocabulario final).

47 *Afectar*: "Vale apetecer y procurar alguna cosa con ahínco".
(Cov.).

48 *Jordán*: "A los que aviendo estado ausentes buelven remoça-
dos y loçanos, dezimos averse ido a lavar al río Jordán, alu-
diendo a la historia de Naamán, cuando el profeta Eliseo le
mandó se vañase siete vezes en el Jordán, para ser libre y
sano de la lepra que padecía". (Cov.).
   Cf. Mateo Alemán: "¿Cómo no tiene pelo blanco en toda
la barba...? Díganos en qué Jordán se baña". (*Guzmán de*

que la extrañan por lo sucio!
Rocín que parando rucio,
morcillo a correr comienza:
¡tenga vergüenza!

Alfarache, segunda parte, I, cap. 3, p. 71 de la ed. Castilla.
Véase la nota detallada de J. Saura Falomir, *ibid.*, pp. 528-
529).
57 *Rucio*: 'cano', 'blanquecino'.
58 *Morcillo*: 'negro con viso rojizo'. Algunos mss. dan una variante ("overo") que sugiere cabellos teñidos de color rubio.

XXII — 1624

Pondérenos la experiencia
lo que es el dinero hoy,
porque yo dosel le doy
y tarima a su Excelencia;
tomando mayor licencia,   5
pues el cuño me perdona,
le daré también corona,
y difinir más no quiero
qué es dinero.

Desvanecido un pelón,   10
y aun a título aspirante,
cera gasta de Levante
mientras enristra blandón;
tan superflua ostentación,

---

1 *Pondérenos* (AA, B, BL, CH, E, I, K, L, NB, RM), y no
ponderemos, como leen equivocadamente las ed. antiguas y
modernas.
6 *El cuño*: sobre ciertas monedas, llamadas "coronas", estaba
acuñada efectivamente una corona.
12 *De Levante*: porque quiere levantarse, consiguiendo un título.
13 *Blandón*: 'hacha de cera de un pabilo'. Juego de palabras con
cera y con *don* (tratamiento de los nobles): de momento puede "enristrar" sólo un "don", pero, ya que es "aspirante a
título", espera poder ser llamado "señoría".
He adoptado el texto de CRI, *dp*, F, *h*, K. M. Pero otros
buenos mss (AA, BL, CH, E, I, L) dan "mientras *no* enristra

si no pretensión tan necia,   15
cera alumbre de Venecia,
y a mí dé Génova acero,
que es dinero.

Visitado en su posada
de una dama cierto amante,   20
al escudero portante
de porte le dio una espada;
yo quiero que la Colada
sea del Cid Campeador:
armado vuelve mejor   25
de un escudo un escudero,
que es dinero.

---

blandón", lo que supone otra interpretación, basada en el otro
sentido de "don" ('donativo'): este pelón no tiene nada para
untar las manos del secretario que examina su pretensión.
16 *Cera de Venecia*: para los lectores de Góngora se hacía fácilmente una asociación de ideas entre *Venecia* y *Señoría* (tratamiento de la nobleza de título y nombre del gobierno de la
República de Venecia). Cf. esta frase de Quevedo: "Aquel
caballero, por ser señoría, no hay diligencia que no haga, y ha
procurado *hacerse Venecia por ser señoría*". (*Mundo por de
dentro*, ed. Felipe C. R. Maldonado, *Clásicos Castalia*, n.º 50,
p. 166).
17 El acero de Génova (¡que es dinero!) es el oro. Me atengo
al texto de *h* y *dp*, que me ha parecido menos oscuro. Pero
casi todos los buenos mss. dan *cero* en vez de *acero*, lección
que no acierto a entender: la explicación de Alemany ('monedas redondas como ceros') no me convence. Toda esta estrofa
es difícil, y lamento no poder aclararla completamente.
21 *Portante*: empleado como adjetivo, parece significar sencillamente 'rápido':

"Ni en portante caballo igual al viento,
ni en mula subas que feroz camina".
(Cascales, *Cartas filológicas*, II, 146. Véase la nota
de Justo García Soriano).

Este "escudero portante", que trae corriendo los mensajes de
su ama, es primo hermano del "portero rabicano" de la letrilla XVI (v. 22).
23 *Quiero*: 'admito' ('aunque fuera la espada del Cid').

Fuelles de seda calzado,
calzones digo, un cencerro,
que ascendió de edad de hierro   30
a siglo más que dorado,
menos ahora tiznado,
con terciopelado estruendo
va por las calles diciendo,
hoy tratante, ayer herrero,   35
    qué es dinero.

Pendolista, si enemigos
granjeó su pluma tantos,
(uno más o menos) cuantos
su bella mujer amigos,   40
deje de inducir testigos
y conduzga infantería;

28 Las palabras "fuelles", "cencerro", "hierro", "tiznado" y "estruendo" preceden y anuncian "herrero", que aparece sólo al final de la estrofa, como la solución de una adivinanza.
    Puntuación diferente en algunos mss.:

> Va por las calles diciendo:
> "¡Hoy tratante, ayer herrero!
>   *Que es dinero*".
>
>   (B, L, NB).

> Va por las calles diciendo:
> "Hoy tratante, ayer herrero,
>   *¿qué es? ¡Dinero!*"
>
>   (E).

Hay, pues, tres construcciones posibles e igualmente valederas de esta frase.

42 El que conduce la infantería es el coronel, del francés *colonel*, 'jefe de la columna'; pero, para un español, la palabra *coronel* evoca más bien una *corona* (corona de cuerno, desde luego, como el tintero del v. 44). Cf. este epigrama moderno de J. B. Baldoví:

> Aquí yace un buen casado,
> que llegó a ser coronel,
> sin haber sido soldado:
> ¡rogad al Señor por él!

vendiendo la escribanía,
quédese con el tintero,
      que es dinero.   45

XXIII — 1625

Absolvamos el sufrir,
desatemos el callar:
mucho tengo que llorar,
mucho tengo que reír.

Cronológicamente, ésta es la última letrilla satírica que escribió Góngora; es interesante, pues, compararla con sus primeras composiciones del mismo género. El estribillo nos lo presenta en la actitud maldiciente que le conocemos: no aguantar, no callar. Pero, frente al "reír", aparece el "llorar" que da, en cierto modo, un tono más amargo a su sátira, por lo que implica de reprobación; desde este punto de vista, se puede notar la severidad, más alemaniana que gongorina, de la primera estrofa, y el carácter casi quevedesco de la segunda: es muy excepcional que la mujer, aun vieja, salga tan mal parada de las manos de Góngora. Sin embargo, frente a estos dos indicios de envejecimiento, se deben notar las alegres alusiones eróticas, el humor, la malicia sonriente y refinada de las dos últimas estrofas: a pesar de todo, don Luis queda, hasta el último momento, fiel a sí mismo.

1 *Absolver*: etimológicamente es sinónimo de "desatar" (v. siguiente).

5 En algunos mss (I, K, L, PAZ) y en las varias eds. de Hoces, esta letrilla empieza por la siguiente estrofa:

> Deseado he desde niño,
> y antes, si puede ser antes,
> ver un médico sin guantes
> y un abogado lampiño,
> un poeta con aliño
> y un romance sin orillas,
> un sayón con pantorrillas
> y unas ferias sin prestar.
> *Mucho tengo que llorar.*

Esta estrofa es de Quevedo (*BAE*, LXIX, p. 89). Ya en 1648 había notado la confusión el editor del *Parnaso español*.

Retrato de Góngora. Manuscrito Chacón.

Biblioteca Nacional, Madrid

líricas

LETRILLAS

Líricas

Letrilla I.

La vaga esperança mía
se ha quedado en vago, ¡ay triste
quien atar deuora Viste
quan mal de miseo laissa!

Atreuida sedio al Vento
mi vaga esperança tanto
que las ondas de mi llanto
infamo su areuimiento.
bien que todo su elemento
de lagrimas, d'ona e pora,
que dixe acera tan loca,
catan alada o adila.
La Vaga esperança mía &c.

Letrilla. II.

Vuela, pensamiento, ¡dixies

alos

Página del Manuscrito núm. 4.075.

Biblioteca Nacional, Madrid

1

Pues no levanta la espuma   5
con su remo en la agua aquel
que ya levantó en papel
testimonios con su pluma,
porque otro tal no presuma
que ley se establece en vano,   10
quíntenle la diestra mano
y mienta un guante el pulgar.
Mucho tengo que llorar.

2

Al humo le debe cejas
la que a un sepulcro cabellos,   15
de ojos graves, porque en ellos
aun las dos niñas son viejas:
este mico de sus rejas,
y de los muchachos juego,
aojada ayer de un ciego,   20
hoy se nos quiere morir.
Mucho tengo que reír.

10 *Que ley*: se puede leer también "qué ley".
11 *Quíntenle*, y no *quítenle*, como imprimen equivocadamente todas las eds. modernas, menos la de Foulché-Delbosc. "Quintar"
   es 'sacar de cinco uno', como dice Covarrubias.
20 *Aojada de un ciego*: la interpretación más inmediata es 'herida por el niño Amor'. Pero la presencia en el mismo verso de
   ojo y *ciego* no puede, bajo la pluma de don Luis, ser tan inocente (cf. letrillas XXVI, XXVIII y XXXII). Se puede suponer
   que esta vieja tan fea es, al mismo tiempo, hechicera, y que
   vuelve de uno de esos aquelarres en los que sus semejantes
   solían, según Quevedo, "dar paz a un cabrón en el ojo que no
   tiene niña". (*Buscón*, I, 7).

3

Con la gala el interés
indignado ha descubierto
que no se dio perro muerto   25
sin ella aun en Leganés:
cuánta verdad esto es
Madrid, que es grande, lo diga,
bien que juzga cierta amiga
que es mayor gala pagar.   30
Mucho tengo que llorar.

4

Médico hay, aunque lego,
que a la menor calentura
su cura, no siendo Cura,
da el olio y entierra luego: 35
lo que de ciencia le niego,
se lo conceden de grado
un pergamino arrollado
y un engastado zafir.
Mucho tengo que reír.   40

5

Trajo en dote un serafín
casa de jardín gallardo,
con dos balcones al Pardo
y un postigo a Valsaín:
mientras pisan el jardín   45

25 *Dar perro muerto*: "Dizese en la korte, kuando engañan i
burlan a una dama enamorada, dándole a entender ke uno es
un gran señor". (Correas, *Vocabulario*, p. 680b).
30 *Es mayor gala pagar*: véase la letrilla XIX, v. 6 y nota.
32 *Lego*: 'laico' (se opone a "Cura" del v. 34) e 'ignorante'.
37 *Grado*: el grado de doctor, que suple la falta de ciencia
(v. 36).
39 *Zafir*: la famosa sortija de los médicos.
44 *El Pardo* y *Valsaín*, donde iban a cazar los reyes, sugieren la
idea de venado, y por consiguiente de cuernos (cf. décimas
"Musas, si la pluma mía", primera estrofa: ..."que las calles

visitas, el maridón,
espejo hecho el balcón,
sus canas ve pardear.
Mucho tengo que llorar.

---

de Madrid / arrabales son del Pardo". Millé, 123). El jardín, los dos balcones y el postigo son metáforas eróticas que designan los encantos de este desenvuelto "serafín". Al mismo dominio pertenece el verbo "pisar" (cf. *pisa*: 'mancebía').

Pero el "balcón" del v. 47, hacia el final de la estrofa, ya no tiene la misma significación erótica: se trata concretamente de la ventana en la que el dicho "serafín" habrá puesto alguna seña, para indicar a su marido que hay "visitas" y que no debe entrar. Lo cual, desde luego, alegra al marido, por ser presagio de dinero.

Para que no parezca descabellada esta interpretación, daré algunas citas que confirman la existencia de este sistema de alusiones entre los lectores de Góngora. Veamos primero lo de la seña en el balcón:

"Vía también las buenas trazas que tenían [*los maridos*] para no quedar obligados a lo que debieran, que cuando estaba tomada la posada, o dejaban [*sus mujeres*] caer la celosía, o ponían en la ventana un jarro, un chapín, o cualquiera otra cosa en que supiesen los maridos que habían de pasarse de largo, y no entrasen a embarazar... Y éstos tales eran respetados de sus mujeres y de las *visitas*". (*Guzmán de Alfarache*, II, libro III, cap. 5; pp. 420-421 de la ed. *Castilla*).

Y ahora esta décima de Góngora, escrita apenas un año antes, en la que el lector reconocerá, bajo la parodia de un célebre romance del sitio de Zamora, los mismos personajes y las mismas alusiones:

> Casado el otro se halla
> con la del *cuerpo bellido*,
> de quien perdonado ha sido,
> por ser don Sancho que calla.
> *Los ojos en la muralla*,
> su real ve acrecentado
> de uno y otro que entra armado
> y sale sin alborozo
> por aquel *postigo* mozo
> que nunca fuera cerrado.

(Millé, 204).

48 *Sus canas ve pardear*: 'se alegra'. Cf. la expresión "quitar mil canas". Pero la asociación de ideas "canas"-"Pardo" puede sugerir otro sentido: al ver la consabida señal, siente los cuernos crecerle entre las canas.

6

La que ya en casta belleza   50
viuda igual no tenía,
y blanco muro ceñía
de Cambray su fortaleza,
batióla con una pieza
de lama cierto señor,   55
y dejóse ella mejor
aun escalar que batir.
Mucho tengo que reír.

---

53 *Blanco muro de Cambray*: las tocas de la viuda.
54 *Pieza*: de tejido (*lama*) y de artillería (*batióla*).

LETRILLAS BURLESCAS

XXIV — 1581

Andeme yo caliente
y ríase la gente.

Traten otros del gobierno
del mundo y sus monarquías,
mientras gobiernan mis días   5
mantequillas y pan tierno,
y las mañanas de invierno
naranjada y agua ardiente,
        y ríase la gente.

Como en dorada vajilla   10
el Príncipe mil cuidados,
como píldoras dorados;
que yo en mi pobre mesilla

Proclamación de anticonformismo, que puede ser considerada, hasta cierto punto, como el manifiesto o el prefacio de
toda su obra: a los veinte años, todavía estudiante en Salamanca o recién llegado a Córdoba, don Luis expresa de manera festiva (y, desde luego, exagerada y paradójica) una filosofía que, formulada más tarde en tono serio y casi solemne,
será el eje de su producción poética más personal, principalmente de las *Soledades*.
2 Refrán recogido ya por Hernán Núñez en 1555.
8 *Naranjada*: 'conserva que se hace de naranja'. (Cov.).

quiero más una morcilla
que en el asador reviente,   15
    y ríase la gente.

Cuando cubra las montañas
de blanca nieve el Enero,
tenga yo lleno el brasero
de bellotas y castañas,   20
y quien las dulces patrañas
del Rey que rabió me cuente,
    y ríase la gente.

Busque muy en hora buena
el mercader nuevos soles;   25
yo conchas y caracoles
entre la menuda arena,
escuchando a Filomena
sobre el chopo de la fuente,
    y ríase la gente.   30

15 Posible recuerdo, o quizá eco voluntario de la *Vida retirada*
de fray Luis de León:

> A mi una pobrecilla
> mesa, de amable paz bien abastada,
> me baste; y la vajilla
> de fino oro labrada
> sea de quien la mar no teme airada.

La "dorada vajilla" y la "pobre mesilla" revelan la influencia
del agustino, pero las "píldoras", el "asador" y la "morcilla"
son genuinamente gongorinos. Es más que verosímil que Góngora leería durante su juventud las poesías de fray Luis, que
circulaban en cartapacios manuscritos. Como lo apunta Artigas, su llegada a Salamanca, en el mes de octubre de 1576,
coincidió casi con la vuelta triunfal, el 30 de diciembre del
mismo año, de fray Luis de León, recién salido de la cárcel
inquisitorial de Valladolid. Durante los cuatro años que du-
raron sus estudios en Salamanca, tuvo más de una ocasión
de conocer de cerca al ilustre profesor poeta, cuya huella es
visible en varias fases de su obra: aquí, en los tercetos de 1609
y en la primera *Soledad*.
25 *Nuevos soles*: 'nuevos climas', 'nuevos países'.

Pase a media noche el mar
y arda en amorosa llama
Leandro por ver su dama;
que yo más quiero pasar
del golfo de mi lagar   35
la blanca o roja corriente,
        y ríase la gente.

Pues Amor es tan crüel,
que de Píramo y su amada
hace tálamo una espada
do se junten ella y él,   40
sea mi Tisbe un pastel,
y la espada sea mi diente,
        y ríase la gente.

36 Muchos buenos mss. y todas las ediciones antiguas leen: "de
   Yepes a (o y) Madrigal / la regalada corriente", corrigiendo
   generalmente "Madrigal" en "Madrigar" por la rima. He preferido atenerme a CH, más correcto.

XXV — 1583

Manda Amor en su fatiga
que se sienta y no se diga;
pero a mí más me contenta
que se diga y no se sienta.

    Decir, gritar, no aguantar callando... Esta gana irreverente
de hablar, que ya hemos visto proclamada en alguna letrilla
satírica, es una de las características de la personalidad de don
Luis, y la base de su anticonformismo.
2 *Que se sienta y no se diga.* Se refiere a uno de los estribillos
   más glosados de los viejos cancioneros. Fue quizá Juan de
   Stúñiga el que le dio su forma primitiva, en un villancico publicado en el *Cancionero general* de 1511:

            Mi peligrosa pasión
            me castiga (i. e. *'me advierte'*)
            que se sienta y no se diga.

En la ley vieja de Amor,   5
a tantas fojas se halla
que el que más sufre y más calla,
ése librará mejor;
mas ¡triste del amador
que, muerto a enemigas manos,   10
le hallaron los gusanos
secretos en la barriga!
Manda Amor en su fatiga, etc.

En el *Cancionero* de Barbieri hay un estribillo en forma de redondilla, que parece derivar de los tres versos de Stúñiga:

De la dulce mi enemiga
nace un mal que al alma hiere,
y por más tormento quiere
que se sienta y no se diga. (N.º 147)

El autor de la música, y quizá también de la letra, es un tal Gabriel, quizá el mismo que figuraba ya como poeta en el *Cancionero general* de 1511 ("Graviel, cantor de la Capilla del Rey"), lo que confirmaría que esta segunda versión es también muy antigua. Bajo esta forma, y probablemente con la misma música, tuvo por lo menos un siglo de éxito; en 1562 se imprimió en el *Cancionero llamado flor de enamorados,* con dos estrofas llenas de esta desesperación resignada que tan enérgicamente rechaza don Luis (el cual sin duda la oiría cantar a menudo durante su niñez); mucho más tarde, en 1614, Cervantes se divirtió citándola en la segunda parte del *Quijote* (cap. 38) y presentándola como causa de la "caída" de la seudocondesa Trifaldi.

Llegó a ser considerada esta redondilla como una imitación de Serafino Aquilano. Pero Lope de Vega, en el prólogo del *Isidro,* asegura que fue, al contrario, Aquilano quien la tradujo del español al italiano (véase León Medina, *Frases literarias afortunadas,* en *Revue Hispanique,* 1908, XVIII, pp. 207-208).

8 *Librar bien, librar mal*: "Salir feliz o infelizmente de un lance o negocio". (Ac.). Cf. Correas: "La ke menos eskuchare de los onbres la rrazón, ésa librará mexor". (*Vocabulario,* p. 193a).

14 CH lee: "Muy bien haré si culpare / por necio cualquier que fuere".

Muy bien hará quien culpare
por necio a cualquier que fuere   15
que como leño sufriere
y como piedra callare;
mande Amor lo que mandare,
que yo pienso muy sin mengua
dar libertad a mi lengua,   20
y a sus leyes una higa.
Manda Amor en su fatiga, etc.

Bien sé que me han de sacar
en el auto con mordaza,
cuando Amor sacare a plaza   25
delincuentes por hablar;
mas yo me pienso quejar
en sintiéndome agraviado,
pues el mar brama alterado
cuando el viento le fatiga.   30
Manda Amor en su fatiga, etc.

Yo sé de algún joveneto
que tiene muy entendido
que guarda más bien Cupido
al que guardó su secreto;   35
y si muere el indiscreto
de amoroso torozón,
morirá sin confesión
por no culpar su enemiga.
Manda Amor en su fatiga, etc.   40

35 CH: "Al que guarda más secreto".
36 *Indiscreto*: 'necio'. Muchos mss. y todas las eds. antiguas leen
"imperfecto", quizá para evitar la ambigüedad de "indiscreto".
Me atengo a CH.
37 *Torozón*: lenguaje de veterinarios, aplicado burlescamente al
amor sentimental.

XXVI — 1585

Si en todo lo qu'hago
soy desgraciada,
¿qué quiere qu'haga?

1 Fol. 67, letrilla I, comienza *"Si en todo,* etc., es toda poco
limpia y nombra al Papa y al Pastor". (Pe. Pineda). Tan poco
limpia, en efecto, que el censor de la Inquisición no pudo llegar siquiera hasta el final del primer verso.

No todos los españoles del Siglo de Oro tenían los mismos
remilgos: este tipo de chistes, que los retóricos llamaban *cacofatón* o *aiscrología,* era (y sigue siendo) muy popular, y no
desdeñaron recogerlos algunos eruditos contemporáneos de don
Luis. Correas cita y comenta este estribillo ("Alude a ke era
suzia, i se aplica a las desaliñadas i poko hazendosas". *Vocabulario,* p. 278a), y recoge algunas variantes:

¿Ké keréis k'aga, si en todo lo k'ago soi desgraziada?

—¿Ké keréis k'aga?— Un día k'aga sol i amanezca de espacio.

(*Ibid.,* p. 384b).

Otras aplicaciones del mismo procedimiento, parodiando villancicos célebres:

Akel kavallero, madre, k'aká vino, k'aká está, k'aká tiene
la voluntá: o ke konmigo dormirá. (P. 69a).

Los mis amoritos
k'agaleras van,
si ellos me kieren
k'aká bolveran.

Tiene grazia en xuntar las palavras. (P. 225b).

Ejemplos de "cacofatón" no escatológico: "Mi marido fue a la
arada, i no a venido, k'avrá sido?". (P. 381a. Comentario). "El
ke entrava i io ke salía, su kara xuntó kon la mía. *Tiene grazia en xuntar las palavras* "kara" *i la sigiente, ke aluden a
otra kosa kolorada".* (P. 101b).

Por su parte, Bartolomé Jiménez Patón da algunos ejemplos
en su *Mercurius Trimegistus,* publicado en 1621: "Nunca
gana", "No tienen Q los griegos", añadiendo esta indicación
que confirma el carácter popular de este tipo de chistes: "En
este vicio dan los juegos invernizos de hablar aprisa: con dos

1

Labré a mi despecho
una pieza mala,   5
no pude hacer sala,
y cámara he hecho;
quedará sin techo,
y el cuerpo vacío,
que un servidor mío   10
cual banco quebró,
y me recibió
peor que una daga.
Si en todo lo qu'hago
soy desgraciada,   15
¿qué quiere qu'haga?

---

diciones juntas hacen una deshonesta" (p. 108). Entiéndase
"vicio" en el sentido lingüístico, no moral, ya que el mismo
Jiménez Patón no vacila en contarnos, a renglón seguido, la
siguiente anécdota:

> Aquí no es para olvidar un cuento que sucedió a per-
> sonas que yo conocí: uno se decía Galera, y el otro
> Gallo. Fue éste a buscar a aquél, y preguntó en su casa
> diciendo: Está ca Galera? Díganle que le busca Gallo.

Volviendo a Correas, da otros ejemplos de "cacofatón" en
su *Arte de la lengua española castellana*:

> El Kacofatón es mal dicho..., quándo en una palavra
> o más, por encuentro, se haze torpe sonido, como decir
> *coñezo,* como los Gallegos e Italianos venidos acá, i de
> *coxo* sacar el aumentativo *coxonazo*: *No se vaia, que*
> *acá comerá, caca comerá; vender axos, mercar axos...*
> (Ed. Emilio Alarcos García, *RFE*, Anejo LVI, p. 407).

4 Cada estrofa desarrolla una metáfora precisa (construcción, cos-
tura, conservas, papel, caída, órgano) con doble sentido.
7 *Cámara*: sentido escatológico, como, más abajo, "servicio",
"servidor", "ojo", etc. Sobre todas estas palabras, ver la letrilla XXXIII.

2

Camisas corté,
y, ante todas cosas,
de mil mariposas
las faldas labré;   20
si mal hecho fue,
la aguja lo ha hecho,
cuyo ojo es estrecho
para seda floja,
y dame congoja   25
que el lienzo se estraga.
Si en todo lo qu'hago
soy desgraciada,
¿qué quiere qu'haga?

22 *Aguja*: Alemany (*Vocabulario de las obras de don Luis de Góngora y Argote*, p. 21) da de estos versos una interpretación erótica que yo admití en mi ed. crítica de las letrillas (p. 192. "Ojo": '*cunnus*'; "seda floja": '*penis remissus*'). Pero, mirándolo mejor ahora, y considerando la tonalidad general de esta poesía tal como la define claramente el estribillo, no me parece adecuado buscar una interpretación fuera del dominio escatológico. La interpretación escatológica, además de ser la más normal aquí, está confirmada por el empleo de expresiones equivalentes en las sátiras antiquevedescas de Góngora:

Prestádselos [*vuestros antojos*] un rato a mi *ojo* ciego,
porque a luz saque *ciertos versos flojos,*
y entenderéis cualquier *gregüesco* luego.

(Millé, LXII, 5).

Aunque entiendo poco griego,
en mis *gregüescos* he hallado
ciertos versos de Museo
ni muy duros *ni muy blandos.*

(Millé, 64).

3

Presentóme quien   30
mis gustos regula,
con higos de Mula,
pasas de Lairén;
de Lisboa también
cuanto tiene nombre,   35
y el asno del hombre
rompió de una coz
barros de Estremoz,
conservas de Braga.

30 Luis Martínez Kleiser apunta el refrán "Higos de Mula y
membrillos, todos son amarillos" (*Refranero ideológico*, n.º 27,
490), procedente del *Teatro universal de proverbios* de Sebastián de Horozco, lo cual parece indicar que eran célebres los
higos de Mula, en la provincia de Murcia. No lo apunta Correas, pero en cambio recoge el siguiente, que se le parece
mucho: "Kagaxones i menbrillos, todos somos amarillos" (*Vocabulario*, p. 378b). De la superposición de los dos refranes,
se puede fácilmente sacar el sentido escatológico de "higos de
Mula" (o más bien "de mula").

33 *Pasas de Lairén*. Se conoce la "*uva lairén*", "de grano crecido
y de hollejo duro, buena para guardarla" (Ac.). Juego de palabras posible con "aire".

34 *De Lisboa también cuanto tiene nombre*: siendo Lisboa el
principal puerto importador de las especies de Oriente (clavos,
pimienta, canela, jengibre, benjuí, alcanfor, incienso, etc.),
debían de existir muchos productos conocidos de todos que
"tenían nombre de Lisboa", entre los cuales supongo que algunos serían ocasión de chistes escatológicos. Pero ¿en cuál de
ellos pensaría Góngora? No he encontrado pista en el soneto
antilisboeta "¿En año quieres que plural cometa", que escribió
en 1619 (Millé, 349). A menos que se haya fijado únicamente
en los perfumes de todos estos productos, para sugerir olores
de otra índole, como en estos versos del romance de Melisendra:

Apeóse don Gaiferos
a hacer que ciertas hierbas
huelan más que los jazmines,
aunque nunca tan bien huelan.

(Millé, 25).

Si en todo lo qu'hago   40
soy desgraciada,
¿qué quiere qu'haga?

4

Salí con trabajo
de mi casa un día,
a hora que corría   45
grande aire de abajo:
el aire me trajo
un papel con porte,
que a un ciego en la Corte
fue (salvo su honor)   50
alcoholador,
si no fue biznaga.
Si en todo lo qu'hago
soy desgraciada,
¿qué quiere qu'haga?   55

38 *Estremoz*: "Raya de Portugal... Házense vasos de tierra en
   Estremoz estremados". (Cov.).
46 Cf. el final del ya citado romance de Melisendra:

> En esto llegó Gaiferos
> atando las agujetas,
> y como *el aire de abajo*
> *corría,* pican apriesa.

49 *Ciego*: 'ojo'.
52 *Biznaga*: generalmente utilizado como mondadientes; pero la
   palabra tenía también otro sentido, como lo confirma esta frase
   de *Estebanillo González*:

> "...y otros me daban billetes en verso, los cuales ama-
> necían flores del Parnaso, y anochecían biznagas del
> Pegaso". (*BAE*, XXXIII, p. 308b).

Véase también en López Pinciano una serie de chistes a propósito de una carta; entre ellos: "Mejor será para biznaga",
y su equivalente: "Buena será para el bote de todas las conservas". (*Philosophía antigua poética*, IX; ed. de Alfredo Car-
ballo Picazo, CSIC, t. III, p. 42).

   Se sigue empleando en este sentido la palabra *viznaga*, con
su ortografía antigua, en América Latina. Véase Ciro Bayo,
Vocabulario de provincialismos argentinos y bolivianos, en
Revue Hispanique, 1906, XIV, pp. 241-564.

5

Corriendo inquïeta,
un día caí;
con el ojo di
en parte secreta;
olí cual mosqueta,   60
aunque no tan bien,
regada de quien
mis servicios niega,
y a la flor que riega
mil servicios paga.   65
Si en todo lo qu'hago
soy desgraciada,
¿qué quiere qu'haga?

6

Aire creo que es
con flaqueza extraña   70
quien me ha hecho caña,
y flauta después;
órgano con pies,
que, sin saber dónde,
organista esconde,   75
fuelle y follador,
del Papa al pastor
es bien satisfaga.

---

57 *Dar de ojos*: 'caer hacia adelante'. Pero aquí se trata de una
   caída hacia atrás ("ojo"), en alguna "parte secreta", o en
   alguna "privada" como se decía entonces.
58 *Regada*. Pasaje difícil. Muchos mss. leen "repuda", que carece
   de sentido.
73 Adopto la puntuación de los mss. I, J, L, sin cortar la frase
   después de *follador,* como lo hacen equivocadamente CH, CO,
   E y *v*. La frase significa sencillamente: 'Es normal que tal
   órgano dé satisfacción a todos los que poseen uno semejante,
   es decir, a todo el género humano, desde el Papa hasta el
   humilde pastor'. El Pe. Pineda se equivocó, entendiendo, al
   parecer, *pastor* en el sentido de 'obispo' (ver nota 1).

Si en todo lo qu'hago
soy desgraciada,   80
¿qué quiere qu'haga?

XXVII — 1591

Buena orina y buen color,
y tres higas al Doctor.

Cierto Doctor medio almud
llamar solía, y no mal,
al vidrio del orinal   5
espejo de la salud;
porque el vicio o la virtud
del humor que predomina
nos le demuestra la orina
con clemencia o con rigor.   10
Buena orina y buen color,
y tres higas al Doctor.

Publicada en el *Romancero general* de 1604, *Docena parte.*
Tres palabras claves en el estribillo: orina, color, doctor.
Cada una es comentada en una estrofa, desembocando el conjunto en el elogio del vino, que ocupa la cuarta estrofa. Góngora sigue aquí la tradición paremiológica, tanto en el elogio
del vino como en el desprecio de la medicina y en el "natu-
rismo" que lo inspira.
2 Lo apunta Correas; pero es posible que lo haya sacado de
esta letrilla, como otros muchos, ya que las colecciones anteriores registran formas diferentes:

Mear claro, y dar una higa al médico.

Quien bebe tras la cocina, dé una higa a la medicina.

(Hernán Núñez).

Véase el *Vocabulario* de Correas, p. 363a y nota.
10 Si una verdad se puede demostrar "con rigor", ¿por qué no
"con clemencia"?

La sanidad, cosa es llana
que de la color se toma,
porque la salud se asoma   15
al rostro como a ventana;
si no es alguna manzana
arrebolada y podrida,
como cierta fementida
galeota del Amor.   20
Buena orina y buen color,
y tres higas al Doctor.

Balas de papel escritas
sacan médicos a luz,
que son balas de arcabuz   25
para vidas infinitas;
plumas doctas y eruditas
gasten, que de mí sabrán
que es mi aforismo el refrán:
vivir bien, beber mejor.   30
Buena orina y buen color,
y tres higas al Doctor.

¡Oh bien haya la bondad
de los Castellanos viejos,
que al vecino de Alahejos   35
hablan siempre en puridad,
y al Santo que la mitad

17 Sublimación de la misma imagen, más tarde, en el *Polifemo*:

> ...de la manzana hipócrita, que engaña
> a lo pálido no, a lo arrebolado.

25 *Bala*: "el fardel de ropa muy apretada, de papel o libros".
(Cov.; lo considera como italianismo).
30 "Bivir bien, i bever bien". (Correas, *Vocabulario*, p. 358a).
35 Los vinos de Alahejos y los de San Martín (el santo que partió su manto con Dios) eran igualmente famosos.
36 *En puridad*: 'puro' y 'en secreto'. "En puridad", "en poridad"
son arcaísmos frecuentes en el refranero, cuyo lenguaje remeda
aquí Góngora.

partió con Dios de su manto
no echan agua, porque el santo
sin capa no habrá calor!   40
Buena orina y buen color,
y tres higas al Doctor.

XXVIII — 1591

Clavellina se llama la perra;
quien no lo creyere, bájese a olella.

No tiene el soto ni el valle
tan dulce olorosa flor,
que todo es aire su olor,   5
comparado con su talle;
alábenla y, cuando calle,
pongan todos lengua en ella.
Clavellina se llama la perra;
quien no lo creyere, bájese a olella.   10

Título en OE: "Décimas (*sic*) a una perrilla que se llamaba
Clavellina, que inbió don Luis a una monja" (fo. 72 v.). Interpretación muy plausible, si se tienen en cuenta las décimas
que mandó en otras ocasiones a diversas monjas (Millé, 125,
132, 146, 153), de contenido muy parecido, y el famoso autorretrato de 1587 (Millé, 24), también destinado a un convento.
   Pero don Luis era capaz, en algunos casos, de tener correspondencia más refinada, y hasta sentimental, con las religiosas:
véase la letrilla que sigue, graciosa y elegante aunque burlesca.
5 *Todo es aire*: 'todo es burla' (Cov.). De la misma manera, tomando en sentido literal una expresión figurada, juega más
lejos con la expresión "poner lengua", generalmente empleada
en el sentido de 'hablar mal de alguien'.

Dios se lo perdone a quien
Clavellina la llamó;
Palma la llamara yo,
y los que la han visto bien,
porque rellena la ven   15
de dátiles toda ella.
Clavellina se llama la perra;
quien no lo creyere, bájese a olella.

No hay cosa que así consuele,
porque, si no se me antoja,   20
otras huelen por la hoja,
y ésta por el ojo huele;
gusto da más que dar suele
otra clavellina bella.
Clavellina se llama la perra;   25
quien no lo creyere, bájese a olella.

16 *Dátiles.* Sinónimo de "canina": "el excremento del perro, que
para algunas medicinas dizen ser bueno, que por ser de ordinario duro y en cierta forma parecer dedos, los llamaron dátiles de perro". En una de las décimas citadas arriba (Millé,
125) se encuentra el mismo juego de palabras en el mismo
contexto monjil.
20 *Si no se me antoja*: 'si no me engaña la vista'. Empleo absoluto del verbo, no registrado en los diccionarios.

XXIX — 1593

Mandadero es el arquero,
y sí que era mandadero.

Lo mejor que escribió Góngora como galán de monjas. Supongo que la destinaría a doña Luisa de Cardona, monja en
Santa Fe de Toledo, como parecen indicarlo la fecha, ciertas
alusiones (véase la nota 13) y el ambiente toledano.
Poco sensible a la finura y al donaire, la censuró brutalmente
el Pe. Pineda: "Letrilla 8, que comiença *Mandadero es el ar-*
quero, etc. Toda es decir cosas indignas de monjas, frayles,
bonetes, zelos, etc.".
1 *Mandadero.* Cov. da sólo la forma femenina "mandadera": 'la
criada de las monjas que va con los mandados'. Es muy

1

Vio una monja celebrada
tras la red el niño Amor,
tan quebrada de color,   5
cuanto de mil requebrada;
ser su devoto le agrada,
y a ella no el recibillo,
aunque fueran de membrillo,
tan en carnes por enero.   10
Mandadero es el arquero,
y sí que era mandadero.

2

[Moriéndose ella de risa,
mientras de frío el mozuelo,
de limosna le dio un velo   15
de que haga una camisa;
y, despidiéndole aprisa,
fue a responder discreciones
a los pesados renglones
de un poeta forastero.   20
Mandadero es el arquero,
y sí que era mandadero.]

---

graciosa invención la de colocar al dios Cupido en medio de
un convento de monjas; pocos poetas supieron como Góngora
modernizar y reavivar la vieja mitología.

5 Casi todos los mss. leen: "bien quebrada de color / y de
Amor bien requebrada", lo que contradice en cierto modo el
principio de la estrofa. Sigo el texto de BUB.

10 *Carne de membrillo*: no se olvide que estamos en Toledo
(v. 48).

13 Esta segunda estrofa, que falta en CH y en todos los demás mss. e impresos, procede del ms. BUB y es indiscutiblemente auténtica:

1) Suprime la contradicción que existía hasta ahora en
todas las ediciones entre el v. 8 ("no le agrada el recibillo") y
el v. 23 ("admitióle en su servicio").

2) El vocabulario y el estilo son claramente gongorinos.
La rima "risa"-"camisa" se vuelve a encontrar en otra letrilla (XLVII), lo mismo que la antítesis "discreciones"-"neceda-

3

Admitióle en su servicio
la bellísima señora,
y desde la misma hora   25
no le perdona el oficio;
a cuantos en sacrificio
le dan el alma, le envía;
préstenle horas al día
y paciencia al mensajero.   30
Mandadero es el arquero,
y sí que era mandadero.

4

A un galán lleva un recado,
a una capilla un billete,
una demanda a un bonete,   35
y un "¿qué es y qué es?" a un letrado,
unas quejas a un soldado,
y a un pelón envía un desdén,
a un viudo un parabién,
y un pésame a un majadero.   40
Mandadero es el arquero,
y sí que era mandadero.

---

des", que se halla en el romance 33 de Millé, escrito poco
antes:

> *Discreciones* leo a ratos
> y *necedades* respondo
> a tres ninfas que *en el Tajo*
> dan al aire trenzas de oro.

La comparación con este último romance de 1590, que alude
seguramente a la misma monja, permite suponer que el "poeta
forastero" del v. 20 es el propio don Luis.

40 Los versos de esta estrofa se pueden intervertir, lo que explica
la cantidad de variantes (en la disposición de los elementos
únicamente) que aparecen en los mss. y en las eds. antiguas.
Me he apartado de CH, cuyo texto no es aquí el mejor.

5

Acabó tarde el garzón,
aunque comenzó a las ocho,
y cortó con un biscocho   45
la cólera a la oración.
Reniega de la afición,
porque Toledo no es
para menos que los pies
de un rocín o un cancionero.   50
Mandadero es el arquero,
y sí que era mandadero.

46 *Cortar la cólera*: 'comer algo entre las comidas'.

XXX — 1594

Cada uno estornuda
como Dios le ayuda.

Tema de los "gustos de amores", tradicional en la poesía erótica: ver *Floresta de poesías eróticas del Siglo de Oro*, pp. 10-
11, 180-185 y *passim*. Esta variedad de tipos mujeriles con-
cretos y modernos se opone a la uniforme e intemporal figura
de la rubia de ojos verdes, idealizada por la poesía petrar-
quizante. Contraste subrayado maliciosamente por la alusión a
Garcilaso, v. 28. Esta burla del idealismo neoplatónico encierra
necesariamente una exaltación del amor total. Por eso fue
censurada por el Pe. Pineda (ver la letrilla XCVIII, nota):
no podía gustar al representante de la ortodoxia religiosa el
profundo optimismo naturalista —en oposición completa con
la noción de pecado original— que anima esta letrilla.

2 Correas recoge este proverbio y copia a continuación el siguiente: "Para el mal de madre, zien ducados vale la rruda,
o es buena la rruda", que nos remite a los vv. 19-20 de la
misma letrilla: prueba indiscutible que Correas leyó las poesías de Góngora apuntando en ellas todos los refranes que
encontraba. Por consiguiente, la presencia de un estribillo
de Góngora en el *Vocabulario de refranes* no indica necesariamente que se trate de un refrán anterior a don Luis: cuando
no figura en las colecciones anteriores (la de Hernán Núñez
principalmente), es posible que se trate de un refrán total-

Sentencia es de Bachilleres,
después que se han hecho piezas,
que cuantas son las cabezas   5
tantos son los pareceres;
en materia de mujeres
se desboca esta sentencia,
que hay espuelas de licencia,
sin haber frenos de duda.   10
Cada uno estornuda
como Dios le ayuda.

Cánsase el otro doncel
de querer la otra doncella,
que es bella, y deja de vella   15
por una madre crüel;
y apenas se cansa él,
cuando sobra quien la cuadre,
porque para un mal de madre
cien escudos son la ruda.   20
Cada uno estornuda
como Dios le ayuda.

Este no tiene por bueno
el amor de la casada,
porque es dormir con espada,   25
y la víbora en el seno;
a aquél del cercado ajeno

---

mente inventado por Góngora, o de una variante más feliz
forjada por él, y que pasó de su obra al *Vocabulario* de
Correas, y de allí al *Diccionario* de la Real Academia y al uso
corriente.

8 *Se desboca*: 'cobra más fuerza todavía'. Muchos mss. leen
equivocadamente "se revoca". En realidad, Góngora transforma
festivamente la expresión "revocar una sentencia", jugando con
la metáfora de las espuelas, el freno y el caballo desbocado
(imagen del deseo).

20 *La ruda*: panacea. *Mal de madre*: doble sentido ('dolor ute-
rino', que nos recuerda la *Celestina*, y 'oposición de la madre
a los amores de su hija'). Véase la nota 2.

le es la fruta más sabrosa,
y coge mejor la rosa
de la espina más aguda.   30
Cada uno estornuda
como Dios le ayuda.

Muchos hay que dan su vida
por edad menos que tierna,
y otros hay que los gobierna   35
edad más endurecida;
cuál flaca y descolorida,
cuál la quiere gorda y fresca,
porque Amor no menos pesca
con lombriz que con aluda.   40
Cada uno estornuda
como Dios le ayuda.

28 Reminiscencia de Garcilaso:

> Flérida, para mí dulce y sabrosa
> más que la fruta del cercado ajeno.
> (*Egl.* III, vv. 305-306).

También Cervantes se acordó de estos versos de Garcilaso en *La gran Sultana*, pero a través de la letrilla de Góngora:

> Y aunque *del cercado ajeno*
> *es la fruta más sabrosa*
> que del propio, ¡extraña cosa!,
> por lo que es tan mío peno.
> (Jornada II, *BAE*, t. 156, p. 264a).

XXXI — 1600

[A UNA DAMA MOZA CASADA CON UN VIEJO]

A - ¿Por qué llora la Isabelitica?
¿Qué chiribica?

He adoptado el título del ms. B, que se encuentra también, con ligeras variantes, en BL, F, Y.
2 *Chiribica*. Lenguaje aniñado ("Chero": 'quiero'; "cheriba", "cheribica" o, según las fuentes, "chiribica": 'quería'; "cualto":

B - *Cheriba un ochavo de oro,*
    danme un cualto de pata, y lloro.

A - ¿Quién del Amor hizo bravos   5
    los más dulces desenojos?
    ¿Quién dio perlas a tus ojos,
    que no las redima a ochavos?
B - Un vieho de los diabos
    que adora y no saquifica.   10
A - *¿Por qué llora la Isabelitica?* etc.

B - Ya en paharitos no tato,
    que se los come la gata,
    ni en cualtos, aunque de pata
    milenta vomite el gato.   15
A - Pague ese buen viejo el pato,

_____

'cuarto'; "pata": 'plata'; "tato": 'trato', etc.), con algunos an-
dalucismos: "vieho", "paharitos". Pero debajo de este lenguaje
convencional, que volverá a utilizar Quevedo, se disimulan
una serie de alusiones que no tienen nada de infantil: alusiones bastante difíciles, cuyo alcance no entendieron, por lo visto, el Pe. Pineda ni el Pe. Horio, ya que no mencionan esta
letrilla en sus censuras.
3 *Ochavo de oro*: 'un joven rubio'; "cuarto de plata": 'un viejo
cano'.
6 *Los más dulces desenojos del Amor*: los ojos de Isabela. Góngora emplea siempre la palabra "desenojo" en un sentido po-
sitivo ('placer', 'alegría', 'lo que da gusto en general') no registrado por los léxicos. Cf. letrilla XXXII, v. 6, y Millé, 84
y 398.
   Se habrá advertido que en la letrilla XXXII "desenojos"
designa claramente las satisfacciones físicas del amor. En un
sentido equivalente emplea Cervantes el verbo "desenojarse"
en el *Entremés del viejo celoso,* cuando Cristinica aconseja a
su ama y tía que se vaya sin tardar adonde la espera su enamorado: "Señora tía, éntrese allá dentro y *desenójese*".
14 *Paharitos, cualtos*: ya no la interesan los regalitos que se
suelen ofrecer a los niños.
15 *Gato*: 'bolsa'.
16 *Pagar el pato*: 'pagar por la culpa no cometida' (y ya se sabe
de qué culpa se trata). Juego de palabras con "polla".

pues tal polla mortifica.
¿Por qué llora la Isabelitica? etc.

B - Serle chero sanguisuela,
    pues babosa es para mí.   20
A - Las venas del Potosí
    sabrás chupar, Isabela.
B - Esto, mi señora abela
    me lo enseñó desde chica.
A - *¿Por qué llora la Isabelitica?* etc.   25

A - ¿Es galán?
B -   Sobre Martín

17 *Polla*: ya en tiempo de Góngora tenía el moderno sentido
de 'muchacha'. Véase en *Autoridades* un ejemplo sacado de
Lope. Pero también es posible, teniendo en cuenta el sentido
erótico frecuente de los nombres de pájaros, que todo este
trozo ("pajaritos", "pato", "polla") sea menos inocente. Véase
en la citada *Floresta de poesías eróticas* las palabras "pájaro"
y "pollo" en el índice final.

20 *Babosa*: "Llaman en Andalucía babosa al caracol". (Nota de
Chacón). Isabela quiere decir que, para ella, su marido no
vale un caracol. Claro que sería posible aquí también, como
a propósito de "polla", buscar otra interpretación, fundada en
el sentido erótico de "caracol" (véase el glosario final de la
Floresta...), pero no me parece indispensable.

26 *Martín*. A *Martín* responde casi inevitablemente *ruin,* como
lo testimonian muchos refranes: "Martín, cada día más ruin";
"Busca el ruin su San Martín"; "Al hijo Juan Martín, al padre
viejo ruin", etc. Pero esta correspondencia no debe ocultarnos
otra, más decisiva aquí, con la palabra *gala* en el v. 27: *gala*+
Martín=*martingala.*

La martingala no era la "parte del arnés que cubría las
entrepiernas" como dice equivocadamente el *Diccionario de
autoridades,* del que desgraciadamente me fié en la ed. crítica
de estas letrillas (p. 218), sino, como lo demuestra claramente
Corominas, en un pintoresco y documentado artículo de su
Diccionario crítico-etimológico (III, p. 279), "una especie de
calzas apropiada para personas viejas que tienen súbitas nece-
sidades fisiológicas", abriéndose dichas calzas por detrás. Es
palabra que vino del provenzal a través del francés: "La martingale des fianteurs", "chausses a la martingale, qui est un
pont-levis de cul pour mieux fianter", dice Rabelais. ¡He

>   cae su gala, si lo es.
>   A - ¿Sírvete con algún tres?
>   B - Servidor es muy rüin.
>   A - No hay barbero viejo al fin   30
>   que no sea de Malpica.
>   *¿Por qué llora la Isabelitica?* etc.

---

aquí todavía peor parado al viejo marido de la ardiente Isabela!

A los textos que cita Corominas añadiré el siguiente, de Luis Milán, que confirma su interpretación y prueba además que el retruécano "Martín-gala" circulaba antes de Góngora:

> Dijo don Berenguer a la señora su mujer: "Una dama me ha dicho que por haber casado con v.m. me pueden decir el marido de la gala, y que no me faltaba sino que me dixesen Martín, pues ya tenía la gala. Dígame cómo se ha de entender esto, que yo no lo entiendo".
> Respondió la señora doña Leonor: "Señor, pregunte v.m. al señor Joan Fernandez [...]".
> Respondió Joan Fernandez: "[...] y quiere decir que pues el señor don Berenguer alcanzó renombre de marido de la gala, que si le dixesen Martín le dirían Martingala".
> Don Berenguer se corrió de la risa que este apodo levantó, y dixo: "Señor Joan Fernández, ese nombre mejor sería para v.m., pues un tiempo usó la martingala en las calzas, quando se iba de cámaras de baxas coplas, que contra don Luis Milán trobó, que pullas las llamo yo".
> (*Libro intitulado el Cortesano*, compuesto por don Luis Milán. *Col. de libros esp. raros o curiosos*, VII; pp. 27-28).

28 *Tres*: "Los niños llaman a qualquiera moneda que les den el tres" (Cov.). Pero es posible que se aluda aquí también al sentido erótico de la palabra *tres* ('dos+uno'), como en esta seguidilla antigua:

> Si la puerta es chiquita — y los tres no caben,
> entre el uno dentro — y los dos aguarden.

Véase *Floresta de poesía erótica...*, p. 264 y vocabulario final, palabras *uno, dos, tres*. Véase también la letrilla atribuida LXXIII, v. 24.

30 *Barbero viejo*: El barbero viejo, como le tiemblan las manos, no maneja la lanceta con la habilidad suficiente para sangrar a los enfermos. En este sentido comenta Mal Lara el refrán

"De oficial nuevo, y de barbero viejo...", donde se enumeran siete desgracias de las que nos guarde Dios. Lo que no dice Mal Lara es que el barbero ocupa en la poesía erótica tradicional un puesto de primera importancia, y que el vocabulario de su oficio tiene, para todos los españoles del Siglo de Oro, un doble sentido del que se valieron a menudo los poetas festivos y los entremesistas: "lanceta" ('penis'); "sangrar", "sangrarse" ('futuere', 'futui'); "dar en la vena" (íd.); "sacarse una muela" (íd.), etc. Véase, una vez más, la citada *Floresta...*, pp. 100-101 y 170-172 y el vocabulario final.

Con las palabras "barbero viejo" alude, pues, el interlocutor de Isabela a su viejo marido impotente. En cuanto a Malpica (prov. de Toledo), es posible que Góngora haya querido hacer un retruécano con el verbo "picar", "picarse" ('estar en celo'), también muy frecuente en la literatura erótica. Pero parece que existía una tradición folklórica del "viejo de Malpica", como lo indica esta frase de Pedro Espinosa: "Retíñese el viejo de Malpica, y quiere que creamos que es milagro y no escabeche". (*El perro y la calentura*, p. 184 de la ed. de Rodríguez Marín. Adviértase que el final de la frase es cita de Góngora, letrilla VII, v. 29).

XXXII — 1603

Una moza de Alcobendas
sobre su rubio tranzado
pidió la fe que le he dado,
porque eran de oro las prendas;
concertados sin contiendas   5

Elogio del vino, en contraposición al amor y, de paso, como en la letrilla XXVII, a la medicina: el tema es, pues, típicamente burlesco, aunque pudieran hacérnoslo olvidar la perfección formal y el refinamiento del conjunto; nada más opuesto, desde este punto de vista, a las borracheras quevedescas que esta contemplación esteticista del vino —oro y rubí— que volveremos a encontrar en las *Soledades*. En cuanto al amor, la ironía de Góngora no apunta sólo a la mujer interesada, sino también, en filigrana, a la mujer idealizada de la poesía garcilasista a quien se parece curiosamente, con su pelo rubio y sus ojos verdes, esta moza del castellanísimo pueblo de Alcobendas.

1 *Alcobendas*: a pocos quilómetros de Madrid, en la antigua carretera de Burgos. En el largo viaje que hizo en 1603, y que dejó tan importantes huellas en su obra, Góngora hubo de pasar por Alcobendas, a la ida o a la vuelta de Valladolid.

nuestros dulces desenojos,
me pidió sobre sus ojos
por lo menos un doblón;
yo, aunque de esmeralda son,
se lo libré en Tremecén.   10
        ¿Hice bien?

En el dedo de un doctor
engastado en oro vi
un finísimo rubí,
porque es siempre este color   15
el antídoto mejor
contra la melancolía;
yo, por alegrar la mía,
un rubí desaté en oro;
el rubí me lo dio Toro,   20
el oro Ciudad Real.
        ¿Hice mal?

6 *Desenojos*: véase la letrilla XXXI, n. 6.
10 *Tremecén*: en Argelia. Hubo bancos en Tremecén, importante
plaza por donde transitaba el comercio hacia el centro de África. Pero, para una moza de Alcobendas, era difícil ir a tierra de moros a cobrar una "libranza", o "letra de cambio "(hoy diríamos "cheque").

XXXIII — 1603

A - *¿Qué lleva el señor Esgueva?*
B - *Yo os diré lo que lleva.*

Si hay que dar la palma del género escatológico a una poesía de Góngora, a esta letrilla se debe atribuir. Por eso fue tan criticada por sus enemigos; por Quevedo (?) primero, en 1603 o poco después, en una serie de ocho décimas ("Vos que coplas componéis) que ellas sí son verdaderamente sucias y groseras, por que les falta el humor de Góngora y su habilidad en evitar las palabras indecentes; por Jáuregui unos diez años más tarde, al principio de su *Antídoto* ("...aunque Vmd desde luego invoque las sucias musas de su puerco Es-

1

Lleva este río crecido,
y llevará cada día
las cosas que por la vía   5
de la cámara han salido,
y cuanto se ha proveído
según leyes de Digesto,
por jüeces que, antes desto,
lo recibieron a prueba.   10

---

gueva..."; y finalmente por el Pe. Pineda en su censura inquisitorial: "Letrilla 4. Comiença *¿Qué lleua el Sor. Esgueua?*
Todo es suzio y huele mal".

Pero estos ataques no son más que el envés del éxito que
tuvieron estas coplas en Valladolid, donde las escribió don
Luis durante su estancia de 1603. Un eco de este éxito (algo
escandaloso desde luego, como muchos de los éxitos de don
Luis) se halla en su soneto "¡Oh qué malquisto con Esgueva
quedo!", y otro en el romance "Cuando la rosada Aurora"
(Millé, 54: véase la nota de Chacón). No sé si llegó a can-
tarse en las calles de Valladolid entre las diez y las once de
la noche, pero lo cierto es que fue puesto en música:

> Guerau. *Tiple a tres.*
> ¿Qué lleva el señor Esgueva, señor Esgueva,
> qué lleva el señor, el señor Esgueva?
> Yo os diré lo que lleva (*ter*).
> Etc.

(Ms. 3881, n.º 43 de la Sección de Música de la BNM. Véase
la transcripción moderna de Miguel Querol Gavaldá, *Cancio-
netro musical de Góngora*, p. 95.)

Sobre Valladolid, donde acababa de trasladarse la Corte,
sus incomodidades, sus malos olores y el Esgueva transformado
en albañal, véanse los sonetos que Góngora escribió durante la
misma estancia en la reciente capital de España (núms. 104 a
108 de la ed. de Biruté Ciplijauskaité).

3 Para no alargar las notas, se reúnen aquí todas las palabras
de doble sentido que permiten a Góngora eludir el término
grosero: "cámara" (de ahí "camarón"), "proveído" (y quizá "provecho"), "Digesto", "fuente de mediodía", "servidores", "ojo", "estrecho", "palomino", "cera" (de ahí "ciruela"),
"vidriado", "cuesco".

6 *Por vía de la cámara*: así se decía en efecto en lenguaje admi-
nistrativo o forense, como, más abajo, "proveer" y "recibir a
prueba".

A - *¿Qué lleva el señor Esgueva?*
B - *Yo os diré lo que lleva.*

2

Lleva el cristal que le envía
una dama y otra dama,
digo el cristal que derrama   15
la fuente de mediodía,
y lo que da la otra vía,
sea pebete o sea topacio;
que al fin damas de Palacio
son ángeles hijos de Eva.   20
A - *¿Qué lleva el señor Esgueva?*
B - *Yo os diré lo que lleva.*

3

Lleva lágrimas cansadas
de cansados amadores,
que, de puro servidores,   25
son de tres ojos lloradas;
de aquél, digo, acrecentadas
que una nube le da enojo,
porque no hay nube deste ojo
que no truene y que no llueva.   30
A - *¿Qué lleva el señor Esgueva?*
B - *Yo os diré lo que lleva.*

4

Lleva pescado de mar,
aunque no muy de provecho,
que, salido del estrecho,   35
va a Pisuerga a desovar;
si antes era calamar
o si antes era salmón,
se convierte en camarón
luego que en el río se ceba.   40
A - *¿Qué lleva el señor Esgueva?*
B - *Yo os diré lo que lleva.*

5

Lleva, no patos reales
ni otro pájaro marino,
sino el noble palomino   45
nacido en nobles pañales;
colmenas lleva y panales,
que el río les da posada;
la colmena es vidrïada
y el panal es cera nueva.   50
A - *¿Qué lleva el señor Esgueva?*
B - *Yo os diré lo que lleva.*

6

Lleva, sin tener su orilla
árbol ni verde ni fresco,
fruta que es toda de cuesco,   55
y, de madura, amarilla;
hácese de ella en Castilla
conserva en cualquiera casa,
y tanta ciruela pasa,
que no hay quien sin ella beba.   60
A - *¿Qué lleva el señor Esgueva?*
B - *Yo os diré lo que lleva.*

47 *Posada de colmenas*: así se llama el sitio donde las hay.
59 *Ciruela pasa*: Las explicaciones de Covarrubias le vienen como
de molde a esta última estrofa:

Ciruela. Fruta de cuesco... Díxose ciruela por la color
amarilla de cera... Ciruelas passas: de una especie de
ciruelas, que son destas amarillas, que en algunas partes
llaman çaragocíes, por averse traído de Çaragoça, se
hazen las ciruelas passas, las quales son muy sanas y
ablandan el vientre y se sirven dellas por todo el año.

XXXIV — [a . 1611]

Tenga yo salud,
qué comer y quietud,

Figura en CH, entre las "Obras que comúnmente se han tenido por de don Luis de Góngora, y hasta después de su muerte no habían llegado a manos de don Antonio", con las letrillas VI, X y XIX, desgraciadamente sin fecha las cuatro. Pero en este caso es posible situarla en la trayectoria poética de don Luis, gracias a su éxito: fue imitada en efecto muchas veces (véanse las cinco poesías que cito en mi ed. crítica, pp. 234-237), y en particular por Lope de Vega en sus *Pastores de Belén*, obra editada en 1612, pero terminada ya en 1611. Si se tiene en cuenta que las poesías que Lope volvió a lo divino en *Pastores de Belén* eran muchas veces recientes, se puede suponer que Góngora la escribiría poco antes de 1611. Tenemos otro indicio que nos confirma la celebridad de esta letrilla hacia la misma fecha: es el siguiente texto de Cabrera de Córdoba, escrito el 30 de junio de 1612:

> Túvose aviso de la llegada de don Rodrigo Calderón a Fontainebleau, donde estaban los Reyes de Francia, a los cuales besó las manos y visitó de parte de S. M. (...).
> El segundo día le dio audiencia la Reina, retirada y sentada, saliéndole a recibir cuatro pasos del estrado, y dándoles sillas rasas a él y al embajador don Iñigo, que servía de intérprete, y estuvieron presentes algunos príncipes y señores, también sentados, entreteniéndose con las señoras y princesas, en lo cual se tardaría una hora; quiso oir la Reina los músicos que llevaba, y holgó mucho con las letras que le cantaron, y gustó mucho de la que dice: *Andese la gaita por el lugar.* (*Relaciones...*, pp. 477-478).

Fue puesta en música en efecto esta letrilla por Francisco Gutiérrez. La partitura (sin duda aquella misma que cantaron los músicos del marqués de Siete Iglesias en Fontainebleau) ha sido conservada en el ms. de *Tonos castellanos* de la Biblioteca de Medinaceli, y editada recientemente por Miguel Querol Gavaldá (*Cancionero musical de Góngora*, pp. 90 y 119-121).

El análisis de su contenido me inclina a pensar que Góngora la escribiría en 1609, en su fase de mayor hostilidad a la Corte (véanse los famosos tercetos "Mal haya el que en señores idolatra", Millé, 395), o poco después, vuelto ya a Córdoba. Hay

y dinero que gastar,
y ándese la gaita por el lugar.

Para cuando haga el son   5
la gaita murmuradora
y más sorda que sonora,
cantaré mi condición:
sepan que es ya mi opinión
vivir lo largo por ancho,   10
y si al callar llaman Sancho,

en efecto en estos versos un eco preciso de las circunstancias
de su vida en 1609: la decepción de sus pretensiones es claramente evocada en la segunda estrofa, su vuelta a Córdoba, el
orgullo y la ingratitud de los grandes en la tercera, mientras
la cuarta alude a los interminables pleitos que le habían llevado a Madrid; son exactamente los temas que inspiran los
tercetos de 1609, que se pueden considerar como la más
autobiográfica de sus poesías.

Es de notar que en estas cinco estrofas don Luis repite, a
los cincuenta años, lo que había dicho ya a los veinte en
"Andeme yo caliente", pero con mayor agresividad: los rasgos
poéticos que, aunque muy tenues, templaban el materialismo
de la letrilla de 1581 ("dulces patrañas", "conchas", "Filomena", "chopo de la fuente"), dándole una dimensión esteticista,
han desaparecido aquí, y sólo queda una provocativa acumu-
lación de términos prosaicos y hasta triviales: "ancho", "Sancho", "jamón", "puerco", "cama", "Pascuala", "engendrar",
"bostezar", "calentador", "cantimplora", "almirez", "panza",
"mascar". Este alarde de vulgaridad es excepcional en su obra,
y sólo se puede explicar por los sentimientos de exasperación
que experimentaría entonces, y que iban muy pronto a subli-
marse, por otra parte, en la elaboración de las *Soledades*.

4 "Andese la gaita por el lugar: dicho de los ke no se les da
    nada". (Correas, *Vocabulario*, p. 59a).
8 *Cantaré*: la falta general de acentos en la mayor parte de los
    mss. da lugar a dos interpretaciones posibles. Acentúo la *e*
    final, como K (var. "contaré"); pero CH escribe "cantàre", lo
    que supone la construcción siguiente; "para cuando la gaita...
    cantàre mi condición, sepan...". Construcción idéntica en T,
    con la var. "sonare".
10 *Lo largo por ancho*: 'sin cuidado'.
11 Proverbio antiguo. Como Góngora, Covarrubias asimila "San-
    cho" a "santo".

yo santo llamo al callar;
y *ándese la gaita por el lugar.*

No haga yo a nadie el buz
por ninguna pretensión;   15
tenga mi bota y jamón,
aunque me acueste sin luz;
mis frascos sin arcabuz,
no para quien mal me quiere,
mas porque, si sed tuviere,   20
la pueda mejor matar;
y *ándese la gaita por el lugar.*

Viva yo sin conocer,
y retirado en mi aldea,
a quien la merced rodea,   25
porque no la sabe hacer;
no vea a nadie comer
si no comiere a mi lado,
ni me hable nadie sentado
si en pie tengo de escuchar;   30
y *ándese la gaita por el lugar.*

No me cojan sepan cuantos
debajo de sus quimeras;
tenga mi puerco y esteras
el día de Todos Santos;   35

14 *Buz*: "Hacer uno a otro el buz: reverenciarle, respetarle con
   humildad y sumisión" (Cov.).
18 *Frascos*: de vino, desde luego; pero también se llamaba fras-
   co "la cajuela en que el arcabucero lleva la pólvora" (Cov.).
25 *A quien*: complemento de "conocer". El juego de palabras
   "merced"-"Su Merced" era corriente.
32 *Sepan cuantos*: El diccionario de la Academia lo define como
   "castigo, zurra", refiriéndose a "los edictos, amonestaciones,
   cartas reales, etc." que empezaban por estas palabras. Pero de
   la misma manera empezaban también muchos documentos
   particulares (poderes, donaciones, ventas, etc.), los mismos que
   el propio don Luis firmó centenares de veces en su vida. A
   esos documentos se acudía cada vez que surgía un litigio. Me

juguemos años por tantos
tras la cama yo y Pascuala,
pues no se paga alcabala
de engendrar y bostezar;
y *ándese la gaita por el lugar.*   40

El médico y cirujano
sean, para mi gobierno,
calentador en invierno
y cantimplora en verano;
acuésteme yo temprano   45
y levánteme a las diez,
y a las once el almirez
toque a la panza a mascar;
y *ándese la gaita por el lugar.*

---

parece, pues, más conforme a la tendencia general de don
Luis admitir aquí la acepción de 'pleitos', 'procesos', teniendo
en cuenta además que expresa la misma idea en los tercetos
de 1609:

Dichoso el que pacífico se esconde
a este civil rüido, y litigante,
o se concierta, o por poder responde.

36 *Juguemos años por tantos. Ac.* da sólo "Jugar los años: jugar
por diversión o entretenimiento sin que se atraviese interés
alguno". CH puntúa: "Juguemos (años por tantos)".

XXXV — 1620

No vayas, Gil, al Sotillo,
   que yo sé
quien novio al Sotillo fue,
que volvió después novillo.

Tema de los cuernos, que implica para Góngora la irrisión
del marido, pero no la reprobación de la mujer. La lentitud
del movimiento, la repetición de fórmulas idénticas y la ame-
nidad del sitio evocado le confieren, a pesar de su contenido
burlesco, un marcado carácter lírico. Fue puesta en música
por Mateo Romero ("Capitán"), cuya partitura fue recogida por

Gil, si es que al Sotillo vas,   5
mucho en la jornada pierdes;
verás sus álamos verdes,
y alcornoque volverás;
allá en el Sotillo oirás
de algún ruiseñor las quejas,   10
yo en tu casa a las cornejas,
y ya tal vez al cuclillo.
No vayas, Gil, al Sotillo,
       que yo sé
quien novio al Sotillo fue,   15
que volvió después novillo.

Al Sotillo floreciente
no vayas, Gil, sin temores,
pues mientras miras sus flores,
te enraman toda la frente;   20
hasta el agua transparente
te dirá tu perdición,
viendo en ella tu armazón,
que es más que la de un castillo.

Claudio de la Sablonara: véase la transcripción moderna de
Miguel Querol Gavaldá, pp. 91-92 y 131-133 de su *Cancionero
musical de Góngora.*

1 *Sotillo*: el Sotillo de Manzanares, donde iban a pasear y espar-
cirse los madrileños, sobre todo el día primero de mayo. Véase la comedia de Lope *Santiago el verde.* Zabaleta da una descripción interesante, aunque triste y moralizadora, de este
paseo en *El día de fiesta por la tarde,* VII.

4 Compárese con esta seguidilla en eco de la misma época:

> Mi marido y el tuyo
> hoy van al Soto,
> y con estos conciertos — ciertos
> son nuestros toros.

                    (*Cancionero de la Sablonara,* p. 292)

8 *Alcornoque*: suena a cuerno, como "corneja" (v. 11). A lo
mismo aluden las palabras "cuclillo", "enramar la frente", "armazón", "venado" y "Toro".

No vayas, Gil, al Sotillo,   25
    que yo sé
quien novio al Sotillo fue,
que volvió después novillo.

Mas si vas determinado,
y allá te piensas holgar,   30
procura no merendar
desto que llaman venado;
de aquel vino celebrado
de Toro no has de beber,
por no dar en que entender   35
al uno y otro corrillo.
No vayas, Gil, al Sotillo,
    que yo sé
quien novio al Sotillo fue,
que volvió después novillo.   40

XXXVI — 1626

D. P.   *Doña Menga, ¿de qué te ríes?*
D. M.   *Don Pascual, de que porfíes.*

D. P.   Tres años ha que te quiero.
D. M.   Seis años ha que me enfadas.
D. P.   Servíte en dos empanadas   5
         un jabalí casi entero.

Transmitida únicamente por el ms. CH, fue editada por primera vez en 1900 por Foulché-Delbosc (*Note sur trois manus-
crits de Góngora,* en *Revue Hispanique,* VII, p. 466). En la
ed. de 1921 de las *Obras completas* de Góngora, Foulché in-
trodujo un error al principio de la segunda estrofa, atribu-
yendo a Pascual el verso "¿Qué joya de oro te abona?". De
allí pasó esta mala lectura a Millé y a todas las ed. derivadas.
1 *Doña Menga, don Pascual*: la yuxtaposición de "don", "doña"
con nombres rústicos tradicionales es burlesca.

D. M.	Poco fueran en dinero
	dos montes de jabalíes.
D. P.	*Doña Menga, ¿de qué te ríes?*
D. M.	*Don Pascual, de que porfíes.*	10

D. M.	¿Qué joya de oro te abona?
D. P.	Toma de un pobre galán,
	que moros mató en Orán,
	cien reales, y perdona.
D. M.	De un galán de Melïona	15
	quisiera más cien cequíes.
D. P.	*Doña Menga, ¿de qué te ríes?*
D. M.	*Don Pascual, de que porfíes.*

D. P.	¿Por un monigote dejas
	un tan valiente soldado?	20
D. M.	Oblígóme.
D. P.	¿Qué te ha dado?
D. M.	No le han oído tus quejas
	repicar en mis orejas
	campanitas de rubíes.
D. P.	*Doña Menga, ¿de qué te ríes?*	25
D. M.	*Don Pascual, de que porfíes.*

15 *Galán de Meliona*: La galantería de los moros de Meliona (entre Orán y Tremecén) llegó a ser un tópico, lo que explica que su valentía haya sido puesta en duda por algunos, como lo indica aquí la oposición entre "monigote" y "valiente soldado". Véase la nota detallada de Justo García Soriano en su ed. de las *Cartas filológicas* de Francisco Cascales (*Clásicos Castellanos*, 103, pp. 59-63).

LETRILLAS SACRAS

XXXVII — 1609

A NUESTRA SEÑORA DE VILLAVICIOSA, POR LA SALUD DE DON FRAY DIEGO DE MARDONES, OBISPO DE CÓRDOBA

> *Serrana, que en el alcor*
> *de un pastor fuistes servida,*
> *conservad la vida*
> *de nuestro Pastor.*
> *¿Quién, Señora, su favor*   5
> *a píos afectos niega?*
> *¡Ay, que os lo pide, mas, ay, que os lo ruega*
> *el balido*
> *de un ganado agradecido!*

Según la tradición, la estatua de Nuestra Señora de Villaviciosa se llamaba así por haber sido traída desde Villaviciosa de Portugal hasta la Sierra de las Gamonosas, cerca de Córdoba, por un pastor llamado Hernando que la había robado. Cuenta la leyenda que los portugueses trataron dos veces de castigar a Hernando y recuperar su estatua, pero que ésta volvió milagrosamente a las Gamonosas, donde el pastor-eremita la veneraba tocando el rabel y las castañuelas delante del alcornoque hueco donde la había colocado. A esta tradición aluden el estribillo y la primera estrofa.

Es conocida la historia de este culto mariano gracias al libro de Juan Páez de Valenzuela (amigo de Góngora, miembro como él del cabildo y autor de la *Relación* de los certámenes cordobeses a Santa Teresa en 1615), intitulado *Tratado de la*

Albergue vuestro el vacío   10
de un alcornoque fue rudo;
tanto de un pastor ya pudo
el devoto afecto pío;
por él y por su cabrío
renunciastes el poblado;   15
sin duda que es un cayado
el arco de vuestro amor.

Serrana, que en el alcor, etc.

---

invención y aparecimiento de... Nuestra Señora de Villaviciosa
y de su gran devoción y milagros, impreso en Córdoba en 1622,
vuelto a editar en 1715, y completado en 1798 por fray Jerónimo Josef de Cabra (*Memorias antiguas y modernas de la*
invención, traslaciones y milagros de la prodigiosa imagen de
María Santísima de Villaviciosa..., Córdoba).

Los años de sequía se solía traer la estatua a Córdoba y
pasearla por las calles implorando la lluvia. Entresaco del libro
de Jerónimo Josef de Cabra las líneas siguientes que permiten
fechar con precisión la composición de esta letrilla y de la
siguiente:

> En la primavera de este año de seiscientos y nueve hizo
> falta el agua, y a primero de Abril se trajo la imagen
> de Nuestra Señora de Villaviciosa, y se colocó en la
> Capilla mayor antigua. Oyó Nuestra Señora los piado-
> sos clamores de su Pueblo afligido, y le consoló con
> abundantes lluvias, a que se siguió una cosecha de pan
> copiosa.

Pero Góngora no presenció las ceremonias: había salido de
Córdoba unos días antes, de viaje hacia Madrid, donde llegó
el 6 de abril. Hubo de escribir sus dos letrillas alrededor del
15 de marzo, movido más que todo por el deseo de mantener
sus buenas relaciones con su Obispo, y hacerse perdonar de
antemano una ausencia que iba a ser larga. A la misma preo-
cupación responden las letrillas al Corpus (XXXIX-XLV), también escritas en el mes de marzo o poco antes.

9 Aquí termina la cabeza de esta letrilla, seguida de dos estrofas regulares de 8 versos. Las ediciones modernas no lo indican claramente.

Si lo pastoral ya tanto,
Serrana, os llevó gallarda,   20
guardad hoy al que nos guarda
generoso pastor santo.
Tiempo le conceded cuanto
le desean sus rebaños;
que a fe que venza los años   25
del robre más vividor.

Serrana, que en el alcor, etc.

XXXVIII — 1609

EN LA MISMA OCASIÓN

Virgen, a quien hoy, fiel,
tantas arras sabe dar
*   a su Esposa,*
sed propicia, sed piadosa,
pues sois Estrella del Mar,   5
y es un MAR de DONES él.

Al padre de una piedad
tan generosa y tan rara,
que a pesar de la tïara
le deben la santidad,   10
si virtud vale, su edad
prolija sea, y dichosa;
sed propicia, sed piadosa, etc.

Sobre las circunstancias de esta letrilla, véase la nota de la
precedente.
2 "Hizo muchos edificios en la S. Iglesia de Córdoba, y acabó
otros, y enriquecióla con diferentes dádivas y memorias que
dejó dotadas" (Nota de Chacón).
3 *A su esposa*: a su Iglesia.
9 *A pesar de la tiara*: aunque no lleva tiara, se le puede llamar
"Santidad", como al papa, por su devoción.

Inmortal casi prescriba
los términos de la muerte;   15
que quien vive desta suerte,
desta suerte es bien que viva;
no cual otras fugitiva
su memoria sea gloriosa;
sed propicia, ser piadosa, etc.   20

14 *Prescriba:* ampliando la acepción jurídica de este verbo ('extinguirse un derecho o una carga por el transcurso del tiempo'), Góngora le da el sentido general de 'anular', 'abrogar', 'abolir'. Empleo semejante en el *Panegírico,* v. 44: "...bien que *prescribe* su esplendor lo oculto".

XXXIX — 1609

EN LA FIESTA DEL SANTÍSIMO SACRAMENTO

Juana — Clara

Juana   *Mañana sa Corpus Christa.*
           mana Crara:

Título más preciso en algunos textos: *A la procesión que, víspera del Corpus, se hace al Sagrario (h); Villancico 8. Guineo para la vocación* (PR).

Adopto la presentación de los mss. CH, E, L, PR, RM y de la ed. Hoces: cabeza de 18 versos y dos estrofas de diez, seguidas de un estribillo de 14 versos. Las ediciones modernas le dan una estructura irregular y confusa.

Es indudablemente la mejor —casi diría la única buena— de esta primera serie de siete letrillas al Santísimo Sacramento. Mientras las otras son frías y teológicas, ésta evoca los aspectos pintorescos y populares de la fiesta del Corpus a través del diálogo de dos esclavas. Con un certero instinto musical, Góngora nos ha transmitido sonidos y ritmos de bailes africanos (-- / -- / -- / --) en los últimos versos del estribillo. No se olvide que las procesiones del Corpus se acompañaban de bailes y que estaban muy de moda los bailes de negros, gitanos, portugueses, moros, etc.

1 *Sa Corpus Crista:* 'es Corpus Cristi'. El hablar de los negros había sido utilizado ya en la poesía española, especialmente por Gil Vicente. De una manera general, se puede decir

	alcoholemo la cara	
	e lavémono la vista.	
Clara	*¡Ay, Jesú, cómo sa mu trista!*	5
Juana	*¿Qué tene? ¿Pringa señora?*	
Clara	*Samo negra pecandora,*	
	e branca la Sacramenta.	
Juana	*La alma sa como la denta,*	
	Crara mana.	10
	Pongamo justana,	
	e bailemo alegra;	
	que aunque samo negra,	
	sa hermosa tú.	
	Zambambú, morenica de Congo,	15
	zambambú.	
	Zambambú, qué galana me pongo,	
	zambambú.	

---

que las poesías a la Navidad y al Corpus acudieron a menudo, en todo el Siglo de Oro, a este procedimiento (castellano deformado por árabes, franceses, italianos, negros, etc.) para dar variedad a un género que, por su naturaleza misma, escapaba difícilmente de la monotonía. En el presente caso, estas deformaciones han provocado algunas vacilaciones entre los copistas, aunque el texto no presenta dificultades mayores: "sa": 'soy', 'eres', 'es'; "samo": 'somos'; "sará": 'será'; "mana": 'hermana'; "Crara": 'Clara'; "pruma": 'pluma'; "crivana": 'escribano'; "denta": 'diente'; "rengre": 'rengle'; "mu": 'muy'. Añádase la supresión de la s final y la generalización de la terminación a y del género femenino.

4 *La vista*: 'los ojos'. Chistosa inversión: como son negras las que hablan, lo hacen al revés de las mujeres blancas, ennegreciéndose la cara con alcohol y lavándose el blanco de los ojos.

6 *¿Que tene? ¿Pringa señora?*: '¿Qué tienes? ¿Te quiere pringar tu señor?' Así se trataba a los negros en la cristianísima Europa del siglo XVII, echándoles pringue hirviendo, costumbre a la que se alude a menudo en el teatro y la novela.

13 *Aunque samo negra...*: "Quamquam nigra sum formosa." Conocido tópico del *Cantar de los cantares*, que se encuentra a cada paso en las poesías de Góngora y en la lírica de tipo popular, aplicado generalmente a campesinas morenas.

Juana	Vamo a la sagraria, prima,	
	veremo la procesiona,	20
	que aunque negra, sa presona	
	que la perrera me estima.	
	A esse mármolo te arrima.	
Clara	Mas tinta sudamo, Juana,	
	que dos pruma de crivana.	25
	¿Quién sa aquél?	
Juana	La perdiguera.	
Clara	¿Y esotra chupamadera?	
Juana	La señora chirimista.	
Clara	*¡Ay, Jesú, como sa mu trista!* etc.	

Juana	Mira la cabilda, cuánta	30
	va en rengre nobre señora,	
	cuya virtú me namora,	
	cuya majestá me panta.	
Clara	¿Si viene la Obispa santa?	
	¡Chillémola!	35
Juana	¡Ay, qué cravela!	
	Pégate, Crara, cüela;	
	la mano le besará,	
	que mano que tanto da	
	en Congo aun sará bien quista.	
Clara	*¡Ay, Jesú, como sa mu trista!* etc.	40

---

22 *Perrera*: 'perrero'. "Oficial en las iglesias catredales que tiene
   cuidado de echar fuera los perros" (Cov.).
26 *Perdiguera*: confusión cómica con "pertiguero" (el que acom-
   pañaba a los sacerdotes con su pértiga guarnecida de plata).
28 *Chirimista*: el que toca la chirimía. Parece voz inventada por
   Góngora, como, en en el verso precedente, "chupamadera".
36 '¡Ay, qué clavel! Acércate, Clara, que huele' (o 'para que hue-
   las').
38 *Mano que tanto da*: véase la letrilla precedente, n. 2.

XL — 1609

A LO MISMO

Gil — Bras

Gil　　¿A qué nos convidas, Bras?
Bras　A un Cordero que costó
　　　　treinta dineros no más,
　　　　y luego se arrepintió
　　　　quien lo vendió.　　　　　　　　　　　5

Miguel Querol Gavaldá ha encontrado en el ms. 749/24 de
la Biblioteca Central de Barcelona una partitura de Tomás
Cirera, Maestro de Capilla en la Iglesia de San Justo y San
Pastor de Barcelona en 1628-1630, y luego en la Catedral de
Gerona hasta 1642, fecha de su muerte. Pero, al parecer, esta
partitura muy larga concierne únicamente los doce versos de
la cabeza. En efecto, después del v. 12, el texto que reproduce
Querol Gavaldá es, como él mismo advierte, completamente
diferente del de Góngora:

> —¿A qué venís, niño amado?
> —A un mandado.
> —Bien de mala gana vais,
> 　　pues lloráis.
> —Antes lloro de contento
> 　　lo que siento.
> —Pues, ¿cómo llanto tan justo
> 　　es bien que risa se nombre?
> —Porque en hacer bien al hombre
> 　　lloro y cumplo con mi gusto.
>
> —¿Quién os manda, pues sois Dios,
> 　　y qué contiene el mandado?
> —De mi Padre es el recado
> 　　y vengo a morir por vos.
> —Pues ¿cómo llanto tan justo
> 　　es bien que risa se nombre?
> —Porque en morir por el hombre
> 　　lloro y cumplo con mi gusto.

Gil   *¿Bastará a tantos?*
Bras   *Sí, Gil,*
       y es de modo
       que lo comerá uno todo,
       y no lo acabarán mil.
Gil   *Toca, toca el tamboril,*   10
       suene el cascabel,
       y vamos a comer dél.

Bras   De rodillas inclinado,
       no con báculo, no en pie,
       llega al Cordero, que fue   15
       por el otro figurado;
       cómelo, Gil, que mechado
       de tres clavos lo hallarás.
Gil   *¿A qué no nos convidas, Bras?* etc.

       —Decidme, ¿qué lloráis,
         si vos gustáis de morir?
       —¿No os he dicho que es vivir
         esto que llanto llamáis?
       —Luego en vos penáis disgusto,
         ¿es bien que risa se nombre?
       —*Sí, que en morir por el hombre*
         lloro y cumplo con mi gusto.

    Es evidente que no se trata de una variante, sino de otra
letrilla completamente distinta (cabeza de diez versos y dos
estrofas de seis, seguidas de un estribillo de dos), de asunto
diferente (Navidad), y que no puede de ninguna manera ser
considerada como de don Luis. Supongo que el copista la
añadió por error, con su partitura, después de transcribir el
principio de la de Góngora. Véase el citado *Cancionero* de
M. Querol Gavaldá, pp. 89-90 y 96-118.
10 Después de este verso, el texto de Querol Gavaldá añade el
   siguiente: *Dirindín, dirindín.*
16 *El otro*: el de la Pascua hebrea, prefiguración de Cristo según
   la doctrina católica.
18 *Tres clavos*: los de la cruz; pero el clavo es también especia:
   de ahí "mechar".
21 *Palo*: la cruz. *Hierro*: y también "yerro" ('pecado'). Toda esta
   letrilla es muy floja, sobre todo comparada con la precedente.

Bras   De hierro instrumento no,   20
        de palo sí, le asó ya;
        tan mal con el hierro está
        quien dellos nos redimió.
        Amor dio el fuego, y juntó
        leños que el Fénix jamás.   25
Gil   *¿A qué nos convidas, Bras?* etc.

XLI — 1609

A LO MISMO

El pan que veis soberano
un solo es grano,
en tierra virgen nacido,
que, molido
sin fracción en el madero,   5
se da entero
adonde más dividido.

Cuanto el altar hoy ofrece,
desde el uno al otro polo,
pan divino, un grano es solo,   10
lleguen tres o lleguen trece;
invisiblemente crece

---

5 Sigo. el texto de PR, el mejor en lo que toca a las poesías sacras. El de CH y la mayoría de los mss. ("que en tierra virgen
nacido. / suspendido / en el madero") no desarrolla de manera tan lógica la metáfora del trigo y el pan.
11 *Lleguen tres o lleguen trece*: adaptación a lo divino de un
chiste de tradición báquica que figura en varios pliegos suel-
tos poéticos del siglo XVI:

        No quiero tres, ni quiero treces,
        que un tordo bebe cien veces.

        La letra dice que beban
        tres veces a una comida,
        mas debe estar corrompida.

su unidad, y de igual modo
se queda en sí mismo todo,
que se da todo al Cristiano.   15
El pan que veis soberano, etc.

Este grano eterno, pues,
inmensamente pequeño,
del vital glorioso leño
cayó en la piedra después;   20
la piedra que días tres
en sus senos le abscondió,
y nos le restituyó
aun más entero y más sano.
El pan que veis soberano, etc.   25

Lo recuerda Celestina en el acto IX de la *Tragicomedia*:
    Pármeno.—Madre, pues *tres veces* dicen que es lo bueno
    e honesto todos los que escribieron.
    Celestina.—Hijo, estará corrupta la letra: *por trece, tres.*

Transportada en este contexto religioso, la paranomasia resulta muy fría, lo mismo que los demás procedimientos estilís-
ticos, que Góngora emplea aquí sin convicción: "un solo es
grano"; "un grano es solo"; "la piedra que días tres". Hubo,
sin embargo, quien le encontró encantos místicos.
20 Alusión a la parábola del sembrador (Mateo, 13). Es clásica
en la literatura sagrada esta comparación entre el grano caído
entre las piedras y el cuerpo de Cristo en el sepulcro.

XLII — 1609

A LO MISMO

A la dina dana dina, la dina dana,
        vuelta zoberana.
A la dana dina dana, la dana dina,
        mudanza divina.

1 De gitanos. Según Torner, es un estribillo popular que se
encuentra en varios bailes de principios del siglo XVII, en *La
madre de la mejor* de Lope, y en *Pastores de Belén*, del mismo. Pero es posible también que todos estos bailes hayan sido

Maldonado, Maldonado,   5
el de la perzona zuelta,
        dina dana,
volteador afamado,
dale a tu alma una vuelta,
        dana dina;   10
que si contrita y abzuelta
llega a comer ezte pan,
no la taza le darán,
zino el cáliz que hoy ze gana.
A la dina dana dina, la dina dana,   15
        vuelta zoberana.

Querida, la mi querida,
bailémoz, y con primor,
        dana dina;
mudanza hagamoz de vida,   20
que ez la mudanza mejor,
        dina dana;
entre en mi alma el Zeñor,
no como en Hieruzalén,
que, aunque cuatrero de bien,   25
no azeguro la pollina.
A la dana dina dana, la dana dina,
        mudanza divina.

---

influidos por la letrilla de Góngora. No he hallado el origen de
la fórmula "dina dana", típicamente gitana por lo visto.
3 Ligera diferencia en el estribillo de PR: "A la dina dana, la
  dina dana" y "a la dana dina, la dana dina".
5 *Maldonado*: nombre de gitano. Cf. Cervantes, *Coloquio de
  los perros*:

> Dan la obediencia, mejor que a su rey, a uno que lla-
> man Conde, al cual, y a todos los que dél suceden, tie-
> nen el sobrenombre de *Maldonado;* (…) todos son
> alentados, *volteadores,* corredores y *bailadores* (Ed. Ame-
> zúa, pp. 348-349).

21 *Mudanza*: 'conversión' y, en el baile, 'serie de movimientos'.
26 Según los Evangelios, Jesús entró en Jerusalén montado en un
   asna seguida de su pollino. Hay que leer "azeguro" y no "aze-
   guró", como hacen anacrónicamente varias ediciones de Millé.

XLIII — 1609

A LO MISMO

A. *¿Qué comes, hombre?* — B. *¿Qué como?*
Pan de ángeles. — A. *¿De quién?*
B. *De ángeles.* — A. *¿Sabe bien?*
        B. *¡Y cómo!*

Fuerza da tanta, i valor,   5
este Pan, que en virtud dél,
huyendo de Jetzabel,
llegó al monte del Señor
Profeta, en cuyo favor
fuego llovió el cielo airado,   10
y escuadrón de acero armado
resistencia hizo de plomo.

A. *¿Qué comes, hombre?* — B. *¿Qué como?* etc.

Deste, pues, divino Pan
cualquier bocado süave   15
encender los pechos sabe
que más helados están;
no ya cual la de Ceilán,
que hoy los manjares altera,
fragante, sí, mas grosera,   20
corteza de cinamomo.

A. *¿Qué comes, hombre?* — B. *¿Qué como?* etc.

9 *Profeta*: Elías, quien, después de degollar a los profetas de
Baal, tuvo que huir para escapar a la venganza de la reina
Jezabel. Se refugió en el monte Horeb, donde un ángel le
traía pan: véase el cuadro de Rubens. El pan, cada vez que
aparece en la Biblia, es considerado por los comentadores ca-
tólicos como símbolo eucarístico.
    Más tarde Elías hizo caer desde su monte una lluvia de
fuego sobre dos escuadrones de cincuenta hombre que el rey
Ocozías había mandado para prenderle. (*Libro de los Reyes*,
I, caps. 18-19, y II, cap. 1).
21 *Cinamomo*: "Especie de árbol preciosíssimo, que algunos pien-
san ser el de la canela" (Cov.). Muy profanos y muy diferentes

de todo lo que precede, estos cuatro versos anuncian ya la poesía de las *Soledades*.

XLIV — 1609

A LO MISMO

Oveja perdida, ven
sobre mis hombros, que hoy
no sólo tu pastor soy,
sino tu pasto también.

Por descubrirte mejor,   5
cuando balabas perdida,
dejé en un árbol la vida,
donde me subió tu amor;
si prenda quieres mayor,
mis obras hoy te la den.   10
Oveja perdida, ven, etc.

Pasto, al fin, hoy tuyo hecho,
¿cuál dará mayor asombro,
el traerte yo en el hombro,
o el traerme tú en el pecho?   15
Prendas son de amor estrecho,
que aun los más ciegos las ven.
Oveja perdida, ven, etc.

Me atengo al texto de PR, semejante al de B, E, F, I, RM, RMM. Variantes de CH: "el amor" (v. 8) y "o el traerte yo en el hombro" (v. 14).
Letrilla muy floja, de contenido exclusivamente teológico: los juegos de palabras ("pasto"-"pastor") o de conceptos ("árbol"-"cruz") no consiguen amenizar su contenido.

XLV — 1609

A LO MISMO

A - *Alma niña, ¿quieres, di,*
    parte de aquel, y no poca,
    blanco maná que está allí?
B - *Sí, sí, sí.*
A - *Cierra los ojos y abre la boca.*   5
B - *Ay, Dios, ¿qué comí*
    que me sabe así?

A - Alma a quien han reducido
    contrición y penitencia
    al estado de inocencia,   10
    si golosa te ha traído
    el maná que está incluido
    en aquel cristal de roca,
    cierra los ojos y abre la boca.
B - *Ay, Dios, ¿qué comí*   15
    que me sabe así?

A - Niega, alma, en esta ocasión
    a la vista, que la Fe,
    cerrados los ojos, ve
    más que, abiertos, la Razón;   20
    argumento y presunción
    vano es aquí, y ella loca.
    Cierra los ojos y abre la boca.
B - *Ay, Dios, ¿qué comí*
    que me sabe así?   25

No vale más que la precedente, a pesar del entusiasmo de
ciertos críticos. Véase mi ed. crítica, p. 274.

XLVI — 1615

AL NACIMIENTO DE CRISTO NUESTRO SEÑOR

A - *Cuando toquen a los maitines,*
   toquen en Jerusalén,
   tañan al alba en Belén,
      tañan, tañan,
   que profecías no engañan,   5
B -   *¿Por qué? Di.*
A - *Por lo que oirás por ahí*
   a cien alados clarines.
B - *¿Cuándo?*
A -   *Esta noche.* B. - *¡Oh, qué bueno!*
A - *Toda pues gaita convoque*   10
   los pastores;
   dulces sean ruiseñores

Esta letrilla es la primera de un conjunto de villancicos (así los llama el ms. PR), planeado en estrecha colaboración por Góngora y el músico Juan Risco, para las fiestas navideñas de 1615-1616. Es lo que indica el título de Hoces: *Al nacimiento de Nuestro Señor cantaron estas letrillas sacras en la Santa Iglesia de Córdoba, y les dio tono el maestro Juan Risco, que lo era de aquella Iglesia.*

Esos villancicos fueron reunidos en un manuscrito que Risco ofreció al obispo Mardones, como se deduce del soneto "Un culto Risco en venas hoy suaves" (ed. B. Ciplijauskaité, n.º 34). Es de suponer que los villancicos se presentaban, y que fueron cantados luego en el orden que indica el ms. PR, cuya autoridad en materia de poesía sacra he tenido ocasión de subrayar:

1. *Villancico de la Kalenda*: la presente letrilla.
2. *Primero nocturno. Villancicos 1, 2 y 3*: las letrillas XLVII, XLVIII y XLIX.
3. *Segundo nocturno. Villancicos 1, 2 y 3*: el romance "¡Cuántos silbos, cuántas voces!" (Millé, 79) y las letrillas L y LI.
4. *Tercero nocturno. Villancicos 1, 2 y 3*: las letrillas LII, LIII y LIV.
5. *A la venida de los Reyes*: la letrilla LV.
6. *A la Purificación*: el madrigal "La vidriera mejor" (Millé, 402) y la letrilla LVI.

del Sol que nos ha de dar,
no en cuna de ondas el mar,
sino en pesebre de heno   15
un portal desta campaña.
B -   Taña el mundo, taña;
toque al alba, toque.

¡Oh, lo que esta noche harán,
cuando oyeren las campanas,   20
los que ilustran con sus canas
las tinieblas de Abraham!
Mas no las conocerán;
David sí, cuyo ruïdo
lisonja será a su oído   25
de concertados violines.

A - Cuando toquen a los maitines, etc.

Se puede notar que en la triple serie de los "nocturnos" hay
una gradación muy estudiada: el primer villancico es pastoril,
el segundo pastoril o teológico y el tercero burlesco (portugués, moriscos y negros).

Es posible que en el mismo libro Góngora haya añadido las
poesías de 1609 a Ntra. Sra. de Villaviciosa y al Corpus, en
que abundan las alusiones encomiásticas al obispo Mardones.
El conjunto representaría, en vísperas de su salida para Madrid, un copioso homenaje a Mardones, cuyas antiguas respon-
sabilidades en la Corte (había sido confesor del rey y del
duque de Lerma) podían serle un potente auxilio.

14 El sol... en cuna de ondas: posible alusión al nacimiento de
    Venus; pero estos versos se pueden explicar sin acudir a la
    mitología, como una mera imagen del sol saliendo del mar.
20 Cuando oyeren. Sigo el texto de PR; Chacón y los demás mss.
    leen "oyan", lo que supone un hiato en el verso.
22 Las tinieblas de Abraham: el limbo, o "seno de Abraham",
    donde las almas de los justos del Antiguo Testamento espera-
    ban la redención. Cf. vv. 28-31.
24 David sí: porque era músico.

Abra el Limbo orejas, abra,
Dios eterno, que no dudo
que rompa el silencio mudo   30
desta noche tu palabra.
No caravela, no zabra
trairá el aviso, que es mucho;
laúd sí, donde ya escucho
zalemas de serafines.   35

A - *Cuando toquen a los maitines,* etc.

33 *Trairá*: así en los mss. B, E, I, K, M, PR. Pero CH da la
forma *traerá.*
34 *Laúd sí:* alude al canto de los Angeles que anunciaron el
nacimiento de Cristo a los pastores (Lucas, II, 13-14).

XLVII — 1615

A LO MISMO

Gil — Carillo

Gil   No sólo el campo nevado
         yerba producir se atreve
         a mi ganado.

Esta poesía no es una letrilla, sino una "ensalada" (*Ensalada pastoril* la llaman los mss. M, PR), terminada por una "letra
para cantar" (vv. 67-84). Pero como es la única composición
de este género que escribió Góngora, los mss. y los editores antiguos la colocaron entre las letrillas. Hago lo mismo para
conformarme a la tradición y para no separarla del conjunto
de poesías navideñas al que pertenece.
2 En mi ed. crítica (p. 281) preferí adoptar la lección "yerba *a*
producir se atreve" de los mss. J. y K, que me pareció más
correcta. Pero la construcción de "atreverse" con el infinitivo
sin la preposición "a" se encuentra en otros textos del Siglo
de Oro: "A pie enjuto el pastor pasar se atreve", dice Lope
en *El villano en su rincón* (v. 388).

pero aun es fiel la nieve
a las flores que da el prado.   5

Carillo ¿De qué estás, Gil, admirado,
              si hoy nació
          cuanto se nos prometió?
Gil   ¿Qué, Carillo?
Carillo Toma, toma el caramillo,   10
         y ven cantando tras mí:
         por aquí, mas ¡ay! por allí
         nace el cardenico alhelí.

Gil   Ve, Carillo, poco a poco;
              mira que   15
         ahora pisó tu pie
         un Narciso, aquí más loco
         que en la fuente.
Carillo Tente, por tu vida, tente,
         y mira con cuánta risa   20
         el blanco lilio en camisa
         se está burlando del yelo.
Gil   Lástima es pisar el suelo.

Carillo Písalo, mas como yo,
              queditico.   25
         Pisaré yo el polvico
         menudico;

4 *Fiel*: protegiéndolas, corresponde lealmente, "fielmente", a la
confianza que le manifiestan las flores. Cf. letrilla LIX,

              ...a la púrpura caída
              solo fue el heno fiel.

   No he encontrado otro ejemplo de esta acepción, muy gongorina al parecer, de la palabra "fiel", que equivale finalmente
a 'clemente' o 'acogedor'.
12 *Por aquí, mas ¡ay! por allí*: Imitación de algún estribillo popular. Cf. letrilla XXXVII, v. 7: "Ay, que os lo pide, mas, ay,
que os lo ruega..."
26 Imitación de un baile conocido de principios del siglo XVII.
Lo cita Cervantes en su entremés de *La elección de los alcal-
des de Daganzo*:

> *Pisaré yo el polvó,*
> *y el prado no.*

Gil	¿Oyes voces?	30
Carillo	Voces oyo.	

y aun parecen de gitanos;
bien hayan los avellanos
    deste arroyo.
que hurtado nos los han.

Gil   Al Niño buscando van,   35
pues que van cantando dél
    con tal decoro:

> *"Támaraz, que zon miel y oro,*
> *támaraz, que zon oro y miel.*
> *A voz el cachopinito,*   40
>   *cara de roza,*
> *la palma oz guarda hermoza*
>   *del Egito,*
> *támaraz, que zon miel y oro,*
> *támaraz, que zon oro y miel."*   45

Carillo   ¡Qué bien suena el cascabel!
Gil   Grullas no siguen su coro
con más orden que esta grey.
Carillo   Cántenle endechas al buey,

> *Pisaré yo el polvico,*
> *atán menudico;*
> *pisaré yo el polvó,*
> *atan menudó.*

El baile del polvillo, derivado de la zarabanda, aparece también en varias comedias de Lope, y lo cita Quevedo en diversas ocasiones. Véase la *Colección de entremeses* de Cotarelo, *NBAE*, XVII, p. CCLVII. Hay más referencias en *El cancionero español de tipo tradicional* de J. M. Alín, n.º 835.

37 *Con tal decoro*: así leen CH y todos buenos mss. La lección «con tal coro» es un error de la ed. Foulché-Delbosc que se transmitió a Millé y a todas las ediciones modernas.

38 *Támaras*: 'dátiles'. Puntuación diferente en CH: "Támaraz... miel, a vos... Egipto. Támaraz...". He preferido la de E, F, I, M, P, RM, más natural.

49 *Cántenle endechas*: porque robarán al buey y a la mula.

	y a la mula otro que tal,	50
	si ellos entran el portal.	
Gil	Halcones cuatreros son	
	en procesión.	
Carillo	Ya las retamas se ven	
	del portal entre esos tejos.	55

    Míroos desde lejos,
    portal de Belén,
    míroos desde lejos,
    parecéisme bien.

Gil	Brasildo llega también	60
	con todos sus zagalejos.	
Carillo	¡Oh, qué entrada	
	tan sonora, tan bailada,	
	se puede hacer!	
Gil	¡Oh, qué ajeno	
	me siento de mí, y qué lleno	65
	de otro! tocad el rabel.	

A -	*¿Qué diremos del clavel*	
	que nos da el heno?	
B -	*Mucho hay que digamos dél,*	
	mucho y bueno.	70

67 Esta letra para cantar (vv. 67-84) desarrolla una serie de alusiones teológicas y de juegos de palabras complicados. Es diferente de todo lo que precede, y poéticamente inferior:

    Clavel disciplinado: el blanco veteado de rojo. Alude a la flagelación ("disciplinas").

    Clavos: las especias y los clavos de la crucifixión. Cf. letrilla XL, nota 18.

    Leño: el de la cruz, y la leña del fuego.

    Agua de olor: el perfume, y el agua que manó del costado de Cristo, cuando el soldado romano lo hirió con la lanza ("hierro cruel", pero "piadoso" al mismo tiempo, porque contribuyó a la salvación del género humano).

70 Adopto la repartición del estribillo entre las dos mitades de un coro, conforme a los mss. P y PR.

Gil   Diremos que es blanco, y que
        lo que tiene de encarnado
        será más disciplinado
        que ninguno otro lo fue;
        que de las hojas al pie   75
        huele a clavos, y que luego
        que un leño se arrime al fuego
                de su amor,
        agua nos dará de olor
        piadoso hierro cruel.   80

A -   *¿Qué diremos del clavel*
            que nos da el heno?

B -   *Mucho hay que digamos dél.*
            mucho y bueno.

XLVIII — 1615

A LO MISMO

Ven al Portal, Mingo, ven;
seguro el ganado dejas,
que aun entre el lobo y ovejas
nació la paz en Belén.

La paz del mundo escogido   5
en aquel ya leño grave
que al hombre, a la fiera, al ave,
casa fue, caverna y nido,
hoy, pastor, se ha establecido
tanto, que en cualquiera otero   10
retozar libre el cordero,
y manso el lobo se ven.

Ven al Portal, Mingo, ven, etc.

6 *Leño grave*: el arca de Noé, donde vivieron en paz los animales
que escogió para salvarlos del Diluvio.
15 *Las noches que desvelado*: 'durante las noches que antes pa-
saba desvelado'.

Sobra el can, que ocioso yace
las noches que desvelado, 15
y rediles del ganado
los términos son que pace.
El siglo de oro renace
con nuestro glorioso niño,
a quien esta piel de armiño 20
de mi fe será rehén.

Ven al Portal, Mingo, ven, etc.

XLIX — 1615

A LO MISMO

Portugués — Castellano

P - *¿A que tangem em Castela?*
C - *A maitines.*
P -   *¿Noite é boa?*
C - *Sí.*
P -   *¿E fazem como em Lisboa*
     a frutinha de padela?
C - *Mucha.*
P -   *¿Jantaremos dela?* 5

En lo que toca a la parte portuguesa del diálogo, hay tantas variantes en los mss., desde la transcripción meramente fonética hasta la corrección ortográfica más o menos acertada, que es imposible saber cómo era el texto inicial de Góngora.
1 Tipo del portugués arrogante y fantástico, como solían pintarlo los españoles. Véase Miguel Herrero García, *Ideas de los españoles del siglo XVII*, Gredos, pp. 154-158. Buen muestrario de los chistes que circulaban a este propósito en *Sales españolas* de Paz y Melia: véanse las colecciones de epitafios y el famoso *Sermón de Aljubarrota.*
Otro rasgo de esta visión convencional del portugués era su excesivo sentimentalismo, a que aluden aquí las palabras "sebo", "derretido", "liquidado".
En cuanto a la fórmula "A qué tangem?", hay que considerarla como una transposición en portugués de ciertos dichos

C - *Luego que confeséis vos*
que nació el Hijo de Dios,
noche tal,
no en Belén de Portugal,
sino en Belén de Judea.   10
P - *¿Zombáis de Affonso Correa,*
castelhão?
C - *Ñáfete, el recién nacido*
no es portugués.
P -   *Isso não.*
C - *Ñáfete, se ha derretido*   15
todo el sebo.
P -   *Ficai lá.*
C - *Ñáfete, que va corrido,*
corrido va.
P -   *Ficai lá.*

¿Ouvis, cão ?
C -   *Parientes somos.*
P - *Deos nasceu em Portugal,*   20
e da mula do portal

---

populares o juegos infantiles españoles, como se puede deducir del *Vocabulario de refranes* de Correas:

—¿A ké tañen? — A misa. — Tañan, tañan, ke bien
se lo pagan. — ¿A ké tañen? — A bever. — Mozo,
daka esos zapatos.

Correas añade una variante y, a continuación, el siguiente,
cuyo ritmo parece haber sido calcado por Góngora:

—¿A ké tañen las campanas? — A kuladas, a kuladas,
a kuladas. *Es xuego de niños* (p. 19a).

13 *Ñáfete:* "Un cierto género de pulla que se usa en Portugal; y si
nosotros se la dezimos, se corren. Algunos curiosos quieren que
tenga alguna significación, y que no sea bernardina como bir-
limbao. Paréceles que ñáfete se dijo de neóphyto, que vale
christiano nuevo" (Cov.).
CH y todos los mss. leen "Ñáfete, que el recién nacido" y
"Ñáfete, que se ha derretido" (v. 15), pero sobra una sílaba.
He suprimido el "que", como lo propone Millé; en cambio,
el v. 17 no tiene este inconveniente.

procedem os machos romos
que teen os Frades Jeromos
no mosteiro de Belém.

C - ¿Quién lo alumbró deso?   25
P -   ¿Quem?
C - ¿El sebo de alguna vela?
P - *¿A que tangem em Castela?*, etc.

C - ¿Dejó también casta el buey?
P - Geração ficou nextremo.
C - ¿Luego, era toro?   30
P -   Era o Demo,
    era muita que os darei
    pancada!
C -   ¿A mí?
P -   ¡A vós, ao Rei!
C - Liquidado se ha.
P -   ¿Falades?
C - Haga nuestras amistades
    mucha enmelada hojuela.   35
P - *¿A que tangem em Castela?*, etc.

---

22 *Macho romo*: hijo de caballo y burra.
35 *Enmelada hojuela*: sin duda la "frutinha de padela", 'fruta de
   sartén', de la que se trata en el v. 4. Adviértase, sin embargo, que, en un artículo publicado a propósito de esta letrilla, el erudito portugués Claudio Basto proponía adoptar la
   variante "frutinha de panela", que designa no una masa frita
   en aceite, sino una fruta hervida con almíbar o miel para con-
   servarla. Cf. "panelada": 'guisado para almoços... nas noutes
   de pascoa, e noute de natal'. (*A'margem de uma poesia de Luis
   de Gôngora*, en *Arquivo literário*, vol. IV, t. 3, 1926, pp. 49-55).

L — 1615

A LO MISMO

A - ¿*Cuál podréis, Judea, decir*
que os dio menos luz: el ver
la noche día al nacer,
o el día noche al morir?
B - *Las piedras sabrán oír*   5
antes que yo responder.
A - *Sabránse al menos romper,*
para más os confundir.

Si esta noche, o noche tal,
flores os sirvió la nieve,   10
Zodíaco hecho breve
de mucho Sol un portal,
adonde un bruto animal,
viéndose rayos su pelo,
aun con el Toro del cielo   15
se desdeña competir,
¿*cuál podréis, Judea, decir*, etc.

Esta letrilla antisemítica constituye una excepción en la obra de Góngora que, también desde este punto de vista, difiere profundamente de la de Quevedo. Lo que don Luis expresa aquí no es un sentimiento personal, sino algo que fue, hasta hace muy poco, un dogma constante del catolicismo: la culpabilidad colectiva del pueblo hebreo. Era casi imposible hablar de la Pasión sin recordarlo.

3 *La noche día al nacer*: el nacimiento de Jesucristo fue anunciado a los pastores por un ángel rodeado de luz; a la hora de su muerte al contrario, el sol se obscureció (cf. vv. 18-19), el velo del templo se rasgó, la tierra tembló y las piedras se hendieron (vv. 7-8).

13 *Un bruto animal*: el buey del portal, iluminado por la gloria del recién nacido, como el Toro del Zodíaco por el sol. Versión a lo divino del principio de la primera *Soledad*.

Si en expirando Dios, luego
del Sol os niega la luz,
y en las tinieblas su Cruz   20
os fue columna de fuego,
cuál daréis, ingrato y ciego
pueblo, competente escusa?
Si esta noche aun os acusa
los días que dejáis ir,   25
¿cuál podréis, Judea, decir, etc.

---

21 *Columna de fuego*: como la que sirvió de guía a los hebreos,
cuando huyeron de Egipto.
23 *Competente*: 'adecuada'. Cf. Cascales, *Cartas filológicas*: "...a
las espaldas tenga [la bodega] su ventana no grande al cierzo,
que es frío y seco, *competente* para la conservación". (Ed.
Clásicos Castellanos, t. II, p. 206).
25 *Los días que dejáis ir*: 'el tiempo que tardáis en convertiros'.

LI — 1615

A LO MISMO

A - *Al gualete, hejo*
del senior Alá,
ha, ha, ha,
haz vuesa mercé
zalema e zalá,   5
ha, ha, ha.

Utilización humorística, frecuente en todo el Siglo de Oro, del
español hablado por los moriscos, con sus conocidas características: palabras árabes, confusión de vocales, dificultad en
articular la *ll* y la *ñ* y en conjugar los verbos. Sin ser verdaderamente difícil, el texto fue mal interpretado ya en tiempo
de Góngora, como se deduce de las erratas de los copistas. He
aquí su traducción en castellano:
—Haga vuestra merced la zalema y la zalá al rapaz, hijo
de Alá.
—Baila, Mahamú, baila; taña la zambra la ajabeba ('flauta'),
que el amor del niño me mata.

B - *Bailá, Mahamú, bailá,*
falalá lailá;
tania el zambra la javevá,
falalá lailá;   10
que el amor del Nenio me matá,
me matá,
falalá lailá.

—Aunque entre la mula y la vaquilla naces en este pajar, o mienten las estrellas, o tú eres califa, chiquitillo.

—Chitón, no lo oiga el cuchillo de aquel Herodes aleve, que mañana, hasta la cruz, estará bañado en sangre bermeja.

Luego los moros se dirigen a la Virgen y a San José:

—Si vuestra merced huye la rabia del tirano enemigo, yo tengo en Arabia un rincón, donde hay higos y pasas.

—Yo soy Jeque. Si vienes conmigo, Señora, comerás manteca, y tú, Señor el viejo, miel y serbas maduras.

1 *Al gualete:* así ha de leerse, en dos palabras, y no en una sola como hacen las ed. modernas y algunos mss. antiguos, entre los cuales Chacón.

"Gualete" es palabra morisca que significa 'niño'. Ya la registró fray Pedro de Alcalá en 1505: "Moço de edad pequeña: *Gueled*" (*Vocabulista arávigo en letra castellana*).

5 *Zalema.* Cervantes la describe con precisión: "Hecimos zalemas a uso de moros, inclinando la cabeza, doblando el cuerpo y poniendo los brazos sobre el pecho". (*Quijote*, I, 40; t. III, pp. 193-194 de la ed. Rodríguez Marín). (Atlas). Véase en nota la explicación de Covarrubias.

Zalá: 'oración'. "Cuando yo era niña, tenía mi padre una esclava, la cual en mi lengua me mostró la *zalá* cristianesca". (Id., *ibid.*, p. 197). Rodríguez Marín señala en nota que Haedo dice siempre "el zalá".

7 CH no reparte el estribillo entre dos interlocutores. Adopto la presentación de B, E, I, RM.

8 *Falalá lailá:* deformación de la fórmula "Lâ Ilâha ill' Allâh", 'Sólo Alá es Dios'.

La palabra "lilailá" había pasado en la lengua corriente, como lo explica Covarrubias: "Voz con que se explica lo impertinente, inútil, ridículo o importuno que dice o hace quien intenta estorvarnos, interrumpirnos o engañarnos: y suele decirse *con buena lilailá se nos viene.* Parece es tomado de lo que dicen freqüentemente los moros en sus fiestas y necessidades, *Hilha hilahaila,* de donde también por burla se dice *Santa Lilaila.* Lat. Nugamentum. Trica, ae".

A - Aunque entre el mula e il vaquilio
    nacer en este pajar,   15
    o estrelias mentir, o estar
    Califa vos, chequetilio.
B - Chotón, no l'oiga el cochilio
    de aquel Herodes marfuz,
    que maniana, hasta el cruz,   20
    en sangre estarás bermejo.
A - *Al gualete, hejo,* etc.

A - Se del terano nemego
    hoyes vosanced el rabia,
    roncón tener yo en Arabia   25
    con el pasa e con el hego.
B - Yo estar Xeque. Se conmego
    andar, manteca, seniora,
    mel vos, e serva madora
    comerás senior el vejo.   30
A - *Al gualete, hejo,* etc.

30 *Señor el viejo*: así solían llamar en las familias campesinas al más anciano y respetable. Cervantes emplea irónicamente la misma expresión en el *Coloquio de los perros*. Véase la ed. de Amezúa, pp. 309 y 502-503.

LII — 1615

EN LA MISMA FESTIVIDAD, POR LA VIDA Y ASCENSOS DE DON FRAY DIEGO DE MARDONES, OBISPO DE CORDOBA

A - *Niño, si por lo que tienes*
    de cordero, tus favores
    sienten antes los pastores
    que el mundo todo a quien vienes,
    el pastor que, de sus bienes   5

> *liberal,*
> *rico, si no tu portal,*
> *ha hecho tu templo santo,*
> *viva cuanto*
> *las piedras que ya dotó.*   10
> *Esto, niño, pido yo.*
>
> B - *Y yo también.*
>
> CORO - *Y todos. Amén, amén.*

> A - Al que le concede el mundo
> los méritos que le han dado   15
> en nuestra España el cayado
> tercero, si no segundo,
> mar de virtudes profundo,
> santo ejemplar de pastores,
> tan modesto en los favores,   20
> cuan sufrido en los desdenes,
> *el pastor que de sus bienes,* etc.

---

6 *Liberal*: "Hizo muchos edificios en la S. Iglesia de Córdova, y acabó otros, y enriquecióla con diferentes dádivas y memorias que dejó dotadas". (Nota de Chacón).

13 *Coro*: esta indicación se halla sólo en CH.

18 *Mar de virtudes*. Cf. letrilla XXXVIII, v. 6: "Mar de dones".

20 *Favores, desdenes*. Descendiente de una familia muy pobre de Burgos, donde nació en 1528, fray Diego de Mardones, dominico, llegó a ser confesor del rey Felipe III y del duque de Lerma: a este ascenso corresponde la palabra *favores*. Tuvo que dejar este puesto en 1606, cuando tenía ya setenta y ocho años. El obispado de Córdoba que le ofrecieron entonces era una especie de jubilación, pero también un pretexto para alejarlo de la Corte, donde podía estorbar ciertas intrigas: la palabra *desdenes* parece corresponder a esta última fase de su carrera eclesiástica, que se prolongó mucho más de lo que se podía esperar, ya que permaneció en este puesto hasta su muerte, a los noventa y seis años, en 1624.

21 Las ediciones y los mss. ponen un punto al final de esta estrofa; para que la frase haga sentido, es necesario prolongarla hasta el verbo principal, "viva", en el estribillo.

A - Años, pues, tan importantes,
    iguales en la edad sean
    a las piedras, que desean   25
    para esto ser diamantes.
    No pise las zonas antes
    que bese el Tíber su pie,
    con esplendor tanto que
    nieguen carbunclos sus sienes.   30
    El pastor que de sus bienes, etc.

30 'Que la tiara oculte ("niegue") sus sienes'. Es decir: que sea
papa antes de morir e irse al cielo, a "pisar las zonas". Mardones tenía a la sazón ochenta y siete años: es de suponer que
no habría perdido del todo el sentido del humor.

LIII — 1615

AL NACIMIENTO DE CRISTO NUESTRO SEÑOR

Esta noche un Amor nace,
niño y Dios, pero no ciego,
y tan otro al fin, que hace
     paz su fuego
con las pajas en que yace.   5

De una Virgen (aun despúes
de ser Madre) pura cuanto
lo dice el Sol, que es su manto,
nace el Niño Amor que ves;
no es su arco, no, el que es   10
pompa del otro rapaz:
el símbolo sí de paz,
que ambos polos satisface.
    Esta noche un Amor nace, etc.

No venda este Amor divino   15
de sus ojos la alegría;
vendaránsela, algún día
que lo hagan adevino.
Sus bellos miembros el lino,
ya que no sus soles, vista: 20
que mal puede el heno a vista
abrigar de quien lo pace.
    Esta noche un Amor nace, etc.

18 *Adevino ("adivino"* en CH). Alusión a la Pasión: "Y cubrién-
dole, herían su rostro y preguntábanle diciendo: **Profetiza,**
¿quién es el que te hirió?" (Lucas, XXII, 64).
19 Que el lino, si no venda sus ojos (como a Cupido), cubra sus
miembros, ya que el heno no puede hacerlo, porque se lo co-
merían el asno y el buey.

LIV — 1615

A LO MISMO

A - *¡Oh, qué vimo, Mangalena!*
    ¡Oh, qué vimo!
B -   *¿Dónde, primo?*
A - *No portalo de Belena.*
B - *¿E qué fu?*   5
A -   *Entre la hena*
    mucho Sol con mucha raya.
B -   *¡Caya, caya!*
A - *Por en Diosa que no miento.*
B - *Vamo ayá.*
A -   *Toca instrumento.*
B - *Elamú, calambú, cambú,*   10
    elamú.

Numerosos lusismos, como en las demás poesías de Góngora
en que intervienen esclavos negros.

A - *Tú, prima, sará al momento*
    escravita do nacimento.
B - *¿E qué sará, primo, tú?*
A -   *Saró bu,*   15
    se chora o menín Jesú.
B - *Elamú, calambú, cambú,*
    elamú.

A - Cosa vimo, que creeya
    pantará: mucha jerquía,   20
    cantando con melonía
    a un niño que e Diosa e Reya,
    ma tan desnuda, que un bueya
    le está contino vahando.
B - Veamo, primo, volando   25
    tanta groria e tanta pena.
A - *¡Oh, qué vimo, Mangalena!,* etc.

A - Soméme, e véndome a rosa
    de Jericongo, María,
    —Entra, dijo, prima mía,   30
    que negra só, ma hermosa.
B - ¿Entraste?
A -   Sí, e maliciosa
    a mula un coz me tiró.
B - Caya, que non fu coz, no.
A - ¿Pos qué fu?   35
B -   Invidia morena.
A - *¡Oh, qué vimo, Mangalena!,* etc.

13 *Esclavita*: Dámaso Alonso advierte que sobra una sílaba, y
   propone la enmienda "cravita" (*Góngora y el "Polifemo"*, I,
   pp. 347 y 349).
20 *Jerquía*: 'jerarquía'; así se llaman las varias categorías, o "co-
   ros" de ángeles.
29 *Jericongo*: 'Jericó'+'Congo'. En las letanías, la Virgen es llamada "rosa de Jericó".
31 *Negra só*: 'negra eres'. Cf. letrilla XLIX, nota 14.
35 *Invidia morena*: 'negra invidia'. Eufemismo festivo. Foulché-
   Delbosc y Millé ponen erróneamente una coma entre las dos
   palabras, pero no la hay en los buenos mss. (B, CH, E, I,
   L, PR, RM).

LV — 1615

EN LA FIESTA DE LA ADORACION DE LOS REYES

Pastores — Negros

Past. A - *¿Qué gente, Pascual, qué gente,*
qué polvareda es aquélla?
Past. B - *La Astrología de Oriente,*
cuyo postillón luciente
es una estrella.   5
Negro - *¡Praza!*
Past. A -   *¿Quién nos atropella?*
Negro - *Mechora, rey de Sabá,*
guan guan gua,
morenica de Zofalá.
Past. B -   *¡Hi, hi, hi!*   10
¡Qué Rey tan fuera de aquí
hoy nos ha venido acá!
Past. A -   *¡Ha, ha, ha!*
Negro - *¿Ríe la pastora?*
Past. B -   *Sí.*
Negro - *Paparico, poco a poco*   15
que samo enfadado ya.
Past. A -   *¡Ha, ha, ha!*
Negro - *Entra, primo.*
Past. B -   *¡Fuera allá!*
No piense el Niño que es coco
el Rey que a adoralle va.   20

Cabeza de 20 versos y estrofa de 8, conforme a la presentación de CH, E, RM. La de *fd* y *mg* es defectuosa.
Sobre los negros y su lenguaje en la poesía de Navidad y del Corpus, véanse las letrillas XXXIX y LIV.
9 *Morenica de Zofalá*: Sofalá era colonia portuguesa en la costa de Mozambique.
15 *Paparico*: diminutivo de "páparo", 'aldeano', 'hombre simple y rústico'.

Past. A - Hormiguero, y no en estío,
    negros hacen al portal.
Negro - Hormiga sá, juro a tal,
    hormiga, ma non vacío.
Past. B - ¿Qué traéis?   25
Negro -   La Reya mío
    incienso ofrece sagrado.
Past. A - Humo al fin el humo ha dado.
Negro - Sá de Dios al fin presente.
Past. A - *¿Qué gente, Pascual, qué gente?*, etc.

LVI — 1615

A LA PURIFICACION DE NUESTRA SEÑORA

Bras   *¡Oh, qué verás, Carillejo,*
         hoy en el templo!
Carillo   *¿Qué, Bras?*

"Y como se cumplieron los días de la purificación de ella conforme a la ley de Moisés, le trajeron a Jerusalem para presentarle al Señor, ...y para dar la ofrenda, conforme a lo que está dicho en la ley del Señor: un par de tórtolas o dos palominos. Y he aquí, había un hombre en Jerusalem, llamado Simeón, y este hombre, justo y pío, esperaba la consolación de Israel: y el Espíritu Santo era sobre él. Y había recibido respuesta del Espíritu Santo, que no vería la muerte antes que viese al Cristo del Señor. Y vino por Espíritu al templo. Y cuando metieron al niño Jesús sus padres en el templo, para hacer con él conforme a la costumbre de la ley, entonces él le tomó en sus brazos y bendijo a Dios, y dijo:

—Ahora despides, Señor, a tu siervo, conforme a tus palabras, en paz; porque han visto mis ojos tu salvación, la cual has aparejado en presencia de todos los pueblos". (Lucas, 2).

A este episodio evangélico le falta el sabor popular de la tradición navideña, y no pudo inspirarle a Góngora más que conceptos complicados y fríos. Los personajes tienen más de teólogos que de pastores, y no les queda nada de la gracia pintoresca que se encuentra en algunas de las letrillas precedentes.

Bras   *Corre, vuela, calla y verás*
        cómo en las manos de un viejo
        pone hoy franca   5
        la Palomica blanca,
        que pone, que pare,
        que pare como Virgen,
        que pone como Madre.

        Subamos, Carillo, arriba,   10
        subamos donde ya asoma
        la deseada Paloma
        con el ramo de la oliva:
        la esperanza siempre viva
        de Simeón hoy la aguarda,   15
        dejándose su edad tarda
        aun la del Fénix atrás.
        Corre, vuela, calla y verás, etc.

        Entre uno y otro gemido
        del legal ofrecimiento,   20
        escucha el final acento
        de aquel cisne encanecido:
        "Ya, señor, ya me despido
        de mi vida con quietud,
        pues he visto tu salud,   25
        y la nuestra mucho más."
        Corre, vuela, calla y verás, etc.

5 *Pone hoy franca*: modificando ligeramente el texto de Lucas,
  Góngora dice que la Virgen María pone generosamente ("franca") al niño Jesús en los brazos del viejo Simeón. Luego juega
  con el doble sentido de *poner* ('poner huevos', o sea 'parir'), en
  relación con la metáfora de la paloma. Es curiosa la asociación de ideas que le llevó a llamar "paloma" a la que las
  ofrecía.
8 *Que pare como Virgen*. Se esperaría "que pare como Madre",
  pero Góngora trastrueca los términos para poner de relieve
  el dogma de la Virgen-madre.
13 Alude a la paloma que volvió al arca de Noé con un ramo de
  oliva (*Génes.*, VIII). Aquí la paloma es la Virgen, y el ramo de
  oliva Cristo.

LVII — 1618

AL NACIMIENTO DE CRISTO NUESTRO SEÑOR

> A - *El racimo que ofreció*
> *la tierra ya prometida,*
> *esta noche esclarecida*
> *en agraz he visto yo.*
> B -   *Mas que no,*   5
> *porque ha mucho que pasó.*
> A -   *Mas que sí,*
> *porque ha poco que lo vi.*
> B -   *¿Dónde? Di.*
> A - *En el heno que le dio*   10
> *un portalillo pequeño,*
> *mientras lo cuelga de un leño*
> *el pueblo que alimentó.*

> El bello racimo que
> trajeron por cosa rara   15
> entre dos en una vara,
> de aquéste figura fue.
> B - ¿Sábeslo tú?
> A -   Yo lo sé.
> de quien lo profetizó.
> B -   *Mas que no,* etc.   20

Otra letrilla fría y dogmática: lo mismo ocurre, como ya hemos podido comprobarlo, cada vez que el tema de la Pasión, esencialmente teológico, se sobrepone al de Navidad, de raíz popular.

14 *El bello racimo*: "Y llegaron hasta el arroyo de Escol, y de allí cortaron un sarmiento con un racimo de uvas, el cual trajeron dos en un palo, y de las granadas y de los higos. Y llamóse aquel lugar Nahal-escol, por el racimo que cortaron de allí los hijos de Israel". (*Números,* XIII, 24-25).

Sistematizando la interpretación alegórica de la Biblia, la Iglesia católica considera el racimo como símbolo de Cristo.

A - Entre dos se trajo aquél,
    y aquéste verá Sïón
    entre uno y otro ladrón,
    siendo la inocencia él.
B - ¿Adivinas?   25
A -   Más fïel
    fue ya quien lo adivinó.
B -   *Mas que no,* etc.

23 *Uno y otro ladrón*: Cristo murió entre dos ladrones y, hasta
cierto punto, también eran ladrones los que se llevaron el
racimo gigante.

LVIII — 1621

EN UNA FIESTA DE SAN JOSEF, ESTANDO DESCUBIERTO EL SANTISIMO SACRAMENTO

Hoy el Josef es segundo,
que, sin término prescripto,
guardó el pan, no para Egipto,
sino para todo el mundo.

Guardó el grano, aunque pequeño   5
incomprehensible, que
su tierra una Virgen fue,
y su piedra un duro leño:
deste pues, grano fecundo,
tan uno como infinito,   10
guardó el pan, no para Egipto,
sino para todo el mundo.

Letrilla conservada únicamente por el ms. CH. Tema de
sermón, de escaso interés literario.
1 *Josef segundo*: paralelo entre José, hijo de Jacob (el que
mandó almacenar el trigo de Egipto en previsión de los siete
años de hambre, "término prescripto"), y San José, esposo de
la Virgen María, que llevó a Egipto al niño Jesús, pan de los
fieles, para sustraerlo al furor de Herodes.

Meseguero desta mies
la hoz burló de un tirano,
conduciendo a Egipto el grano,   15
que volvió a traer después:
en número al fin segundo,
y sin número bendito,
guardó el pan, no para Egipto,   20
sino para todo el mundo.

LIX — 1621

AL NACIMIENTO DE CRISTO NUESTRO SEÑOR

Caído se le ha un Clavel
hoy a la Aurora del seno:
¡qué glorioso que está el heno,
porque ha caído sobre él!

Cuando el silencio tenía   5
todas las cosas del suelo,
y, coronada del yelo,
reinaba la noche fría,
en medio la monarquía
de tiniebla tan crüel,   10
caído se le ha un Clavel, etc.

De un solo Clavel ceñida,
la Virgen, Aurora bella,
al mundo se lo dio, y ella
quedó cual antes florida;   15
a la púrpura caída
solo fue el heno fïel.
Caído se le ha un Clavel, etc.

10 ¡Qué diferencia entre esta estrofa y las complicaciones dogmá-
ticas de las tres poesías precedentes! Esta impresionante evocación de la noche fría, oscura y silenciosa, digna de las
Soledades, viene a punto, antes que se cierre esta serie de
letrillas sacras, para recordarnos que Góngora, en cuanto logra
evadirse de la teología, sigue siendo Góngora...
17 *Fiel:* véase la letrilla XLVII, nota 4.

El heno, pues, que fue dino,
a pesar de tantas nieves,   20
de ver en sus brazos leves
este rosicler divino,
para su lecho fue lino,
oro para su dosel.
Caído se le ha un Clavel, etc.   25

SEGUNDA PARTE

LETRILLAS ATRIBUIDAS

LX

Algunos hombres de bien
viven en este arrabal,
que de todos dicen mal,
y dicen bien.

Atribuida por AA, AP, CC, E, Y, R, *rcd,* VIT. Falta en
las ediciones antiguas. Admitida por A. de Castro (quien la
toma de *rcd*) y por Foulché-Delbosc (seguido por Millé), pero
las estrofas no coinciden.

El texto que propongo procede de la superposición de tres
versiones diferentes:

1) AA, AP, E, *fd, mg,* R: 1 - 2 - 3 - 4 - 5 - 6.
2) VIT (de donde deriva *rcd,* seguido por *bae*): 1 - 6 - 7 -
2 - 8 - 9.
3) Y: 1 - 4 - 3 - 8 - 10 - 6.

Muy sospechosa. Algunas expresiones hacen pensar en Góngora, y es posible que reflejen su influencia: la cuarta estrofa,
por ejemplo, contra los escabechados (las alusiones al río Jordán se hallan en la letrilla auténtica XXI), los retruécanos sobre el vocabulario del ajedrez en la séptima (cf. letrilla XIX),
y por fin los vv. 80-89 de la décima, que parecen recordar el
final del autorretrato: "...os pide y suplica / que no sepultéis /
el gusto en capillas". (Millé, 24).

Pero estas semejanzas huelen más bien a imitación y, en
fin de cuentas, abogan contra la atribución a Góngora. Hay,
además, algunos trozos que se podrían difícilmente considerar como auténticos: la quinta estrofa, por ejemplo, cuyo

1

Algunos hay donde moro,   5
que, a poco que les aticen,
sobre cualquier cosa dicen
como pasamano de oro.
Y aunque pierdan el decoro,
nunca la memoria pierden;   10
antes, de cuanto se acuerden
dicen, den adonde den:
    y dicen bien.

2

Dicen de algunas doncellas,
de condición de pelotas,   15
que si están de servir rotas,
las remedian con cosellas.
Y cosida cualquier de ellas
como de primero salta,
y, haciendo alguna falta,   20
se la rechazan también:
    y dicen bien.

3

De algunas viudas de prendas
dicen, por sus demasías,
que se hacen lencerías   25
por venderse como en tiendas.
Y estas madres reverendas
murmuran que son taimadas,
y se tocan bien tocadas
por tocar pieza también: 30
    y dicen bien.

antisemitismo no tiene nada de gongorino, o la sexta, que
refleja un conformismo religioso muy alejado de su pensamiento.
20 *Falta*: pertenece, como *saltar*, al vocabulario de la *pelota*.
Téngase en cuenta la otra significación de esta última palabra
('prostituta'), así como el sentido celestinesco de *coser*.

4

Dicen que no saben cómo
algunos ancianos son
mozos de nueva impresión,
por virtud de tinta y plomo;   35
y que el uno y otro Momo,
nombre de mozos les dan,
sabiendo que en su Jordán
se bañó Matusalén:
    y dicen bien.   40

5

Ya el tabernero procura
impetrar un beneficio,
pues ejercita el oficio
de baptizar, sin ser Cura.
Porque dicen que es cordura   45
vender el vino cristiano,
porque fue su abuelo anciano
discípulo de Moisén:
    y dicen bien.

6

Dicen que no hay mesón ya   50
con lámpara ni oratorio,
y que, por ser diversorio,
no admiten virgen allá;
mas, aunque sin Dios está,
no está del todo perdido,   55
que representa el marido
el animal de Belén:
    y dicen bien.

---

45 Sería preferible leer "Pero dicen...".
52 *Diversorio*. Esta palabra evoca los mesones de Belén, donde
no pudo hospedarse la Virgen María: "Reclinavit eum in prae-
sepio, quia non erat ei locus in *diversorio*". (Lucas, II, 7).

7

Dicen que hay casas de fama
como ajedrez en valor,   60
que cualquier pieza menor
entrando llega a ser dama:
entra moza y sale ama,
y tal que sin ser Dios cría;
si antes villano tañía,   65
allí aprende saltarén:
    y dicen bien.

8

De las casadas cualquiera
dice, y al fin lo que pasa,
que, hartas de carnero en casa,   70
buscan perdigones fuera;
y si acaso está en espera
su mal seguro marido,
como si fuera al mar ido,
ni le encuentran ni le ven: 75
    y dicen bien.

9

Que hay beatas me dicen
entre monjas y casadas,
que, si no santificadas,
ellas mismas se bendicen,   80
y a ninguno contradicen
que a comprar va a su almoneda ;
antes, si lleva moneda,
tocará pieza también:
    y dicen bien.   85

---

71 *Perdigones*: "Perdigón llaman en algunas partes al mozo que
malbarata su hacienda, desatentado y de poco juicio". (*Aut.*).
Designa también la perdiz joven, como en la letrilla VII, v. 32.

10

Dicen que hay unas monjillas
de tan livianillos sesos,
que entierran vivos los güesos
en unas pobres capillas,
que las cuesta el enlucillas   90
su dinero y su cuidado,
sólo por verse en sagrado
libres de cualquier vaivén:
    y dicen bien.

LXI

Pasa el melcochero.
salen las mozas
a los cascabeles,
a las melcochas:
    mozas golosas,   5
bailan unas, y comen otras,
y al tabaque se llegan todas.

1

Salen a las puertas
mozas entonadas;
salen opiladas   10
y vuelven enjertas.

Atribuida por AA, E, R, L, T, Y. Falta en las ed. antiguas.
    Las tres primeras estrofas fueron publicadas por H. Rennert
(texto de R) y luego por Foulché (texto de E), de quien las
tomó Millé. Añadí en mi ed. crítica las dos últimas, proce-
dentes de Y.
    El conjunto es muy mediocre, y parece imposible que haya
salido de la pluma de Góngora; supongo que la atribución
se fundaría en las numerosas alusiones eróticas que contiene.
    Las cuatro primeras estrofas fueron plagiadas por Trillo
y Figueroa (*Letrilla XVI*, p. 259 de la ed. de Gallego Morell).

Las colores muertas
resucita el son;
toman el latón
mejor que el acero.   15
    Pasa el melcochero, etc.

2

Mozas inocentes,
viejas también salen,
que a chupar más valen
encías que dientes.   20
A unas y a otras gentes
les da el cascabel,
a las unas miel
y a las otras suero.
    Pasa el melcochero, etc.   25

3

Salen las casadas,
que nunca salieran,
porque no volvieran
cascabeleadas.
Quedarán preñadas,   30
y con mil antojos;
culpa de dos ojos
pagará el tercero.
    Pasa el melcochero, etc.

4

Salen viudas locas   35
y muy bien salidas,
diciendo sus vidas
que mienten sus tocas,
pues que tienen bocas
porque tienen menguas   40
y piden por lenguas
manos de mortero.
    Pasa el melcochero, etc.

5

Salen las beatas,
y también las monjas,   45
diciendo lisonjas
que valen baratas;
gente de dos capas,
aves de rapiña,
la moza y la niña   50
son de Amor trompero.
       Pasa el melcochero, etc.

LXII

1

Señores, yo estoy corrido
y aun quizá el alma lo llora,
porque en los tiempos de ahora
quien no tiene no es tenido;
anda el sabio perseguido,   5
vive el necio con descanso,
al que sufre llaman manso,

Atribuida por CC, OH (texto publicado en 1841 por *El trovador español,* p. 68), T, Y. Pero SA (publicado por Sánchez
Alonso) la atribuye a Quevedo; sin embargo, Astrana Marín
no la admitió en su ed. de las poesías de Quevedo y la atri-
buyó a Trillo y Figueroa. En realidad, Trillo la había imi-
tado y publicado como suya (ed. Gallego Morell, p. 261);
Astrana parece haber confundido el modelo y el plagio.
   No es mala, pero no la creo de Góngora (ni de Quevedo:
véase la ed. de J. M. Blecua). Además, el texto difiere mucho
según los mss., lo cual hace todavía más problemática la atribución:

   OH (Góngora): 1 - 2 - 3 - 4 - 5.
   Y (Góngora) : 1 - 6 - 2 - 3 - 5 - 7 - 4 - 8.
   T (Góngora) : 1 - 6 - 4 - 3 - 7 - 2.
   SA (Quevedo) : 1 - 6 - 2 - 4 - 8 - 7.

y más de alguno lo es;
(desto trataré despues
si me dejaren hablar,   10
que para todo hay lugar.)

2

Anda el soldado soldado,
es el escudero escudo,
quiere Bermudo ver mudo
por callar su mal mirado;   15
al crédito han desterrado,
ya no hay quien le quiera al fin;
tiene este siglo ruin
los maridos por adorno;
la monja recibe en torno   20
como si fuera a tornar,
que para todo hay lugar.

3

Dice el mozo como un oro
que está con mujer corrido;
dícelo, yo lo he creído   25
si acaso el corrido es toro.
Angélica a su Medoro
volviera ahora en cornado
como uno le hubiera dado,
y aun yo sé de algún copete   30
que a deshora en casa mete
al que tiene que sacar,
que para todo hay lugar.

4

Yo vi un oficial ayer
que ya ha dejado las obras,   35
porque hay en su casa sobras
con faltas de su mujer.

29 Sería preferible leer: "le hubieran dado".

Si le está caro el placer,
él echa por el atajo,
que, aunque no le hay sin trabajo,   40
de ajeno trabajo pasa,
y, si hay quien lo sabe en casa,
jamás le pueden faltar,
que para todo hay lugar.

                      5

Hizo ayer su confisión   45
un casado, y dijo al fin
que él era lo que en latín
es desnudo el corazón.
Oyó el Padre su razón,
y diole su Reverencia   50
sobre cuernos penitencia,
la cual cumplió como fiel,
porque se dijese dél
aquel proverbio vulgar,
que para todo hay lugar.   55

                      6

La niña que agora asoma
a la edad que procuráis,
aunque más la pretendáis,
si no toma, no se toma.
Todo el interés lo doma,   60
mezcla divino y humano;
al más villano vi llano,
cuando le dais que reciba,
y la aldeana más esquiva
con don se quiere llamar,   65
que para todo hay lugar.

48 *Desnudo el corazón*: en latín "cor nudum".

7

Del mercader cosa es clara
que es notable su codicia,
pues jamás hace justicia,
aunque le vemos con vara;   70
su conciencia no repara
en titulillos de uñón,
que en fin los ladrones son
de la gente más lucida,
y quien pasa así su vida   75
puede en efecto pasar,
que para todo hay lugar.

8

Cierta vieja lisonjera
que tiene el gusto sin ley,
al fin presidio del Rey   80
(si es presidio la Tercera),
a una viuda ha vuelto cera,
de modo que se acaricia,
y hace oficio de justicia,
dando lo suyo a quien gusta,   85
y finge, haciéndose justa,
que no se sabe ajustar,
que para todo hay lugar.

85 *Lo suyo*: chiste corriente. Véase la *Floresta de poesía erótica*,
p. 109, nota 12.

LXIII

Guárdate, que matan
en este barrio,
con lanza y dardo.

Atribuido por AP, E, R. Pero, si se tiene en cuenta el evidente parentesco de estos mss., las tres atribuciones pueden
reducirse a una sola.
Muy dudosa.

Ginés, no te ufanes
del barrio en que amas,   5
que en él viven damas
y mueren galanes.
De penas y afanes
sus calles se empiedran,
adonde se miedran   10
fines desastrados.
Guárdate, que matan
en este barrio,
con lanza y dardo.

Abre bien, Ginés,   15
los ojos y oídos,
y a estos dos sentidos
crédito no des;
que este barrio es
un mar de Sirenas,   20
que orla sus arenas
de hombres anegados.
Guárdate, que matan
en este barrio,
con lanza y dardo.   25

LXIV [a . 1604]

Que por quien de mí se olvida
en fuego amoroso pene,
   no me conviene;
que los regalos que hago
me paguen con un desdén,   5
   no me está bien.

A pesar de haber sido publicada (anónima) en la *Docena
parte* del *Romancero general,* no figura en ninguna edición antigua de las poesías de Góngora. Sólo se la atribuyen los mss. Q
y VIT (de este último pasó a *rcd,* y de allí a *bae*). Estas circunstancias hacen más que sospechosa la atribución.

Que me desvele adquiriendo
sólo el gusto de mi dama,
cuando ella se está en la cama
a sueño suelto durmiendo;   10
que me esté desvaneciendo
por una desvanecida
que de mí solo se olvida,
y con ciento se entretiene,
        no me conviene.   15

Que me tenga cada día
de sus favores ayuno,
y no se pase ninguno
que no coma a costa mía;
y que su madre y su tía   20
le den licencia que pueda
recebir de mí moneda
y en lo demás no la den,
        no me está bien.

Que pague yo adelantada   25
siempre su posada de ella,
y que cuando voy a vella
me digan que no hay posada,
y que la tenga ocupada
algún mi competidor,   30
que de vïanda y favor
a mi costa se mantiene,
        no me conviene.

Que porque no se concluya
mi deseado favor,   35
siendo sin regla mi amor,
contino esté con la suya;
que de darme este bien huya,
y yo la dé y no la goce,
y a mis ojos otros doce   40
la gocen y no la den,
        no me está bien.

LETRILLAS

Satýricas

Letrilla I.

Arroyo, en que a de parar
tanto anhelar y temer, Si
tu pierdes Guadalquivir,
Guadalquivir pierde el mar?
Castellano, en acusar
sin caudales ni nombres
para exemplo de los hombres.

Hijo de Vna peña breue(n)te,
nieto de Vna dura peña,
a dos pasos los desdeña
tu mal nacida corriente.
si tu ambicion lo consiente,
en que imaginas medir?
Murmura, y ríe de ti,
pues que sabes murmurar.
Arroyo, en que ha de parar
tanto &.ª

Página del Manuscrito núm. 4.075.

Biblioteca Nacional, Madrid

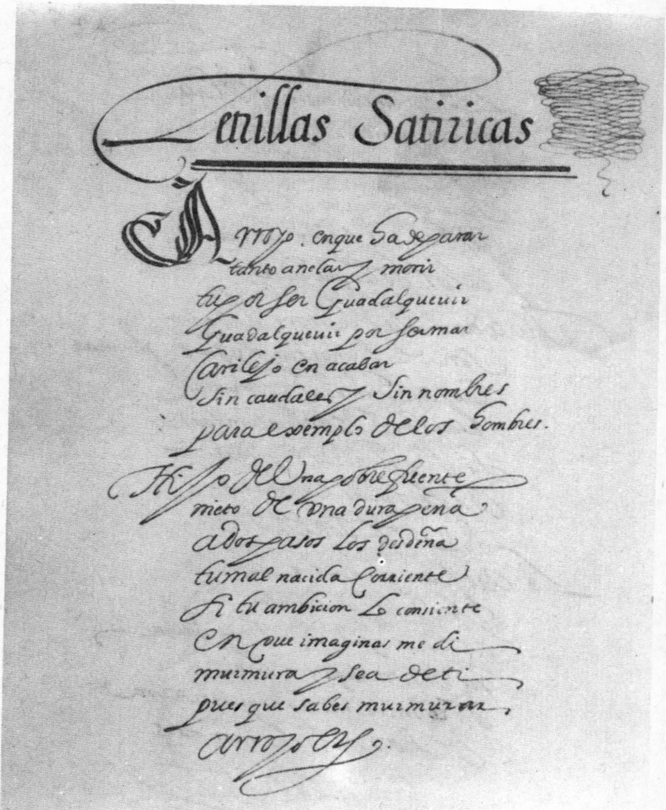

Letrillas Satiricas

Arroyo. en que ha de parar
tanto anelar y morir
tu por ser Guadalquivir
Guadalquivir por formar
Carillejo en acabar
sin caudales y sin nombres
para exemplo de los hombres.

Hijo de una pobre fuente
nieto de una dura peña
a dos pasos los desdeña
tu mal nacida corriente
si tu ambicion lo consiente
en que imaginas me di
murmurar y sea de ti
pues que sabes murmurar,
Arroyo &c.

Página del Manuscrito núm. 8.645.
Biblioteca Nacional, Madrid

LXV

Que no hay tal andar como estar en casa,
que no hay tal andar como en casa estar.

1

Si hace la ocasión ladrón,
y putas el aparejo,
tome de mí este consejo   5
la flaca de complesión;
mire bien lo que al ratón
le cuesta por campear.
Que no hay tal andar como estar en casa,
que no hay tal andar como en casa estar.   10

2

Nacen alas a la hormiga,
como dicen, por su mal,
pues pierde vida y caudal
luego que el vuelo le obliga,
y asimismo da en la liga   15
el pájaro por volar.

Atribuida por CC, T y VIT. De VIT pasó a *rcd,* y de éste a
bae. No figura en ninguna edición antigua. Muy sospechosa.
Figura también, pero anónima, en *ca.* El texto de *ca* es muy
incorrecto, pero da una estrofa más (en el orden siguiente:
1 - 2 - a - 4 - 3 - 5):

a

Andar muchas estaciones
sepa que no le está bien,
pues no les falta por quien
tenga después disensiones.
No salir, quitar cuistiones,
y no dar que sospechar:
no hay tal bien como en casa estar.

Que no hay tal andar como estar en casa,
que no hay tal andar como en casa estar.

3

De las que van al sermón
por ser tan santo no hablo,   20
puesto que hay vez en que el diablo
lo toma por su bordón,
y así es segura oración
la del coser y labrar.
Que no hay tal andar como estar en casa,   25
que no hay tal andar como en casa estar.

4

¡Cuántas hay en casa honradas
que fuera dejan de sello,
y mil doncellas sin sello,
por no haber sido guardadas!   30
Estaciones de casadas
en cuernos suelen parar.
Que no hay tal andar como estar en casa,
que no hay tal andar como en casa estar.

5

Concluyo pues con decir   35
que la mujer más perfeta
es peligrosa escopeta
en dejándola salir,
que en la frente os ha de herir
si la dejáis disparar.   40
Que no hay tal andar como estar en casa,
que no hay tal andar como en casa estar.

LXVI

1

¡Ah qué grande desventura
vino al mundo por su mal,
que no se alcanza un real
sin levantarse figura!
Este mal no tiene cura   5
ni se puede remediar;
todos quieren estafar
en faltando plus de argén.
¡Remédielo Dios, amén!

Atribuida únicamente por CC y T. Desconocida de los editores antiguos. Figura también en Y, pero anónima; curiosamente, Foulché-Delbosc se fundó sin embargo en este último ms. para incluirla en sus *Poésies attribuées à Góngora*.

El número y el orden de las estrofas varían según las fuentes:

Y: 1 - 2 - 3 - 4 - 5 - 6 - 8.
T: 1 - 2 - 3 - 5 - 7 - 8.
CC: ms. perdido, conocido únicamente por la descripción de Gallardo.

Son notables los parecidos entre esta letrilla y otras dos, igualmente atribuidas a Góngora: la quinta estrofa, por ejemplo, sigue de muy cerca (o viceversa) la tercera de la letrilla LX, donde se encuentran también las palabras "viudas", "tiendas", "reverendas", "taimadas", "tocan", "tocadas". Por otra parte, la letrilla LXIX tiene el mismo estribillo y algunas fórmulas semejantes: "nunca le falta un vaivén" (v. 8); "porque hacen que no lo ven" (v. 35); "que son los cuartos doblados / y los amigos también" (vv. 43-44). Es probable que la atribución a Góngora se haya fundado sobre estas contaminaciones; pero en este caso no se puede dar más fe a la atribución de ésta que a la de las otras dos: son muy sospechosas las tres.

Trillo y Figueroa mezcló la letrilla LXIX y ésta para fabricar otra que publicó como suya (*Sátira XII*, p. 272 de la ed. Gallego Morell).

1 Var. de T: ¡Oh, qué grande desventura".

2

Van las señoras casadas   10
que tienen necesidad
a cierta Paternidad
que remedió las pasadas;
son con sus maridos bravas
porque los sienten pacientes;   15
y ellos hácense inocentes,
y fingen que no lo ven.
¡Remédielo Dios, amén!

3

Está la casi doncella
labrando en su bastidor,   20
y a vueltas de su labor,
anda el mozuelo con ella;
va el señor Dotor a vella,
por no decir la comadre,
y, sin saberlo su padre,   25
suelen darle el parabién.
¡Remédielo Dios, amén!

4

La mozuela de servicio,
luego que deja el esparto,
se sale con su lagarto   30
a darse un poco de vicio,
y echa luego de juicio
cómo lo remediará,
y qué mentira dirá
porque no la den vaivén.   35
¡Remédielo Dios, amén!

5

La vïuda remilgada
con su toca reverenda
hace de su rostro tienda
y gusta de ser tocada: 40
y luego la muy taimada,
con esta resolución,
no admite reprehensión
ni quiere que se la den.
¡*Remédielo Dios, amén!*   45

6

Con fingida devoción
está la monja rezando,
de pensamiento pecando
con el que tiene afición;
maldice su religión   50
porque no puede salir
y su deseo cumplir,
aunque mil trazas se den.
¡*Remédielo Dios, amén!*

7

Ya no se guarda decoro,   55
todo el mundo se retira,
sólo priva la mentira
por ser amiga del oro;
estáse el cristiano moro,
por cudicia de ducados;   60
ya son los cuartos doblados
y los amigos también.
¡*Remédielo Dios, amén!*

8

Este mundo está perdido
y va de mal en peor;   65
ya priva el adulador
con el que nunca lo ha sido;
a tal miseria ha venido,
que, si no se va a la mano,
no se ha de hallar un cristiano   70
que llamen hombre de bien.
¡Remédielo Dios, amén!

LXVII

No sé qué me diga, diga.

Que el príncipe Belisardo
ayer venga de la rota,
y sin venille la flota
ande lozano y gallardo;   5
que ayer vista sayo pardo
y hoy cadena de oro saque,
y que sin tener achaque
en la mano traiga liga,
        no sé qué me diga, diga.   10

Atribuida por CC (ms. perdido) y VIT, de donde pasó
a *rcd*, y de allí´a *bae*. También la admitieron *fd* y *mg*, aunque
su atribución no merece más crédito que la de las letrillas LXIV
y LXV.
    No figura en ninguna edición antigua.
1 La fórmula "no sé qué me diga" se encuentra ya en las
poesías de Juan de la Encina. También era corriente el bor-
doncillo "diga diga": "Aunke más me diga diga, kien bien
ama tarde olvida" (Correas, *Vocabulario*, p. 34a).
2 Var. de CC (primer verso conservado por Gallardo): "Que el
príncipe Felisardo".

Que ande doña Berenguela
de día compuesta en coche,
y por gatera de noche,
hecha norte y centinela;
que esté de continuo en vela,   15
y después al desposado
le den el trigo segado,
creyendo que está en espiga,
    no sé qué me diga, diga.

Que traiga doña Doncella   20
consigo cierto embarazo,
y diga que es mal de bazo;
el padre venga a creella,
y mire mucho por ella,
y la riña porque bebe,   25
mas al cabo de los nueve
no tenga tanta barriga,
    no sé qué me diga, diga.

14 Verso repetido en la letrilla atribuida LXXIV (v. 3).

LXVIII [a . 1604]

Que un galán enamorado
· por ver a quien le desvela
esté puesto en centinela

Atribuida por VIT, de donde pasó a *rcd*, y de allí a *bae*.
Anónima en CR (p. 25), ME (fo. 176), Y (fo. 334). Falta en
las ed. antiguas, a pesar de haber sido publicada (anónima) en
el *Romancero general* de 1604 (*Trecena parte*) y en la *Segunda
parte* de Madrigal de 1605. Todas estas circunstancias la hacen muy sospechosa.
Angel González Palencia, en el índice de primeros versos
que está al final de su reedición del *Romancero general*, la
atribuye a Lope de Vega (t. II, p. 384a); pero no figura en
la lista de poesías de Lope que pone en su prólogo (t. I,
pp. XXXVI-XXXVIII).

una noche entera armado;
y que esté tan rematado   5
en su cuidoso penar,
que se venga a encatarrar
de tanto estar al sereno,
          ¡oh qué bueno!

Pero que su dama quiera   10
tratarlo con tal rigor,
que, conociendo su amor,
quiera permitir que muera,
y que se muestre tan fiera,
que, por hacerle pesar,   15
guste de velle penar
y aun lo tenga por regalo,
          ¡oh qué malo!

Que un marido a su mujer
afloje tanto la rienda   20
que le deje el día de hacienda
ir de veinte y un alfiler,
y que el tal no eche de ver
lo que crece aquel toldillo,
que aunque más roce soplillo   25
será de sudar ajeno,
          ¡oh qué bueno!

Mas que llegue a tal estado
su soberbia y vanidad
que quiera hacer igualdad   30
con la de coche y estrado,
y que el marido informado
le quiera abajar el punto,
y ella por buen contrapunto
le responda con un palo,   35
          ¡oh qué malo!

Que dé un galán a una dama,
si ella le guarda el decoro,
algunos escudos de oro
que más aviven su llama,   40
si está contino a su cama
y le lava y le almidona,
y es en efeto persona
que no pasa del treinteno,
    ¡oh qué bueno!   45

Pero que a muchos amantes
les sepa una dama astuta,
encareciendo su fruta,
pedir chapines y guantes,
haciéndolos San Cervantes   50
no habiendo en Tajo nacido,
siendo en efecto fingido
todo su amor y regalo,
    ¡oh qué malo!

Que un hidalgo, aunque sea pobre   55
se precie de ser hidalgo,
queriendo estimarse en algo
aunque en hacienda no sobre,
y que por momentos cobre
nuevo crédito entre gentes,   60
y que de sus ascendientes
esté de blasones lleno,
    ¡oh qué bueno!

Pero que el que ayer llevaba
de San Andrés la encomienda   65
hoy en pretender entienda
otra Cruz de Calatrava,
y quiera poner aljaba
en el arco de Cupido,
queriendo ser preferido,   70
siendo otro Sardanapalo,
    ¡oh qué malo!

42 Cf. letrilla LXXXI, vv. 18-19.

LXIX

1

Ya nos muestra el tiempo noble,
con triste rostro amarillo,
el tafetán muy sencillo
y el trato en extremo doble.
Ya no hay dureza en el roble,   5
seguro el mundo no tiene,
y a lo que siempre va y viene
nunca le falta un vaivén.
¡Remédielo Dios, amén!

2

Ya dilata el Escribano   10
la causa que es más segura,
como el Médico la cura,
y la herida el Cirujano;
ya con un cañón liviano
hace mayor batería   15
que toda la artillería
del cerco de Tremecén.
¡Remédielo Dios, amén!

Atribuida por CC y T, como la letrilla LXVI que tiene el
mismo estribillo, y, como ella, desconocida de los editores
antiguos. Véase la nota crítica de la letrilla LXVI; las dos
son, desde luego, muy sospechosas.
    CC: 1 - 2 - 3 - 4 - 5.
    T : 1 - 2 - 4 - 5.
    El texto de CC (ms. perdido) es conocido gracias a la trans-
cripción de Gallardo (*Ensayo*, IV, 1226).
    A pesar de la identidad de estribillo y temas, no puede
considerarse como una parte extraviada de la letrilla LXVI:
hay en efecto en ésta una construcción rigurosa, marcada por
la repetición sistemática de "ya", que no se halla en la otra
(salvo en la séptima estrofa); ésta se sitúa en una perspectiva
histórica, de la que resalta en cada estrofa el concepto de
decadencia, mientras la otra se contenta con desarrollar la
sátira de los vicios del tiempo.

3

Ya la cortesana ingrata,
porque tiene mico y perro,   20
quiere, si ha de hacer un yerro,
que se lo pesen a plata;
ya la que más verdad trata,
aunque sean más miradas,
deja las bolsas purgadas   25
más que los cuerpos el sen.
¡Remédielo Dios, amén!

4

Ya todo el mundo es ducados,
mas a quien empeña prendas
¿qué sirven gruesas haciendas,   30
si los dueños son delgados?
Por eso algunos casados,
porque *requiescant in pace*,
nunca ven lo que se hace,
porque hacen que no lo ven.   35
¡Remédielo Dios, amén!

5

Las monedas son ya indianas,
que pasan hoy solamente
el vil cornado en la frente,
la blanca humilde en las canas.   40
Y monedas tan livianas
pagan censos tan pesados
que son los cuartos doblados,
y los amigos también.
¡Remédielo Dios, amén!   45

LXX

Bailad en el corro, mozuelas,
pues os hace la gaita el son,
que yo os mando unas castañuelas
guarnecidas con su cordón.

No es bien que el concejo ogaño   5
pague al gaitero de balde;
yo fui Gil Castaño, Alcalde,
y como alcalde y castaño,
si en mi fruta hacéis daño,
yo os perdono cuatro pares;   10
rompedlas con los pulgares,
y vosotras con las muelas.
Bailad en el corro, mozuelas, etc.

Yo sé cuando era la sala
de los saraos el ejido,   15
el palenque de Cupido,
y el teatro de la gala;
él dio marido a Pascuala
y a Toribio mujer tanto,
y el zapatero el disanto   20
hace su pascua de suela.
Bailad en el corro, mozuelas, etc.

Atribuida por GA, única fuente conocida, y publicada por
Foulché-Delbosc (*Poésies attribuées à Góngora*).
El texto, muy estragado, es a veces poco claro. Es incon-
cebible la atribución a Góngora.

LXXI

> *Corrido va el abad*
> *por el cañaveral.*

El abad Ballejo,
viendo a la de Alejo
que tiene aparejo   5
para oír su mal,
    corrido va.

Se va allá derecho,
y en amor deshecho,
le da de su pecho   10
bastante señal.
    Corrido va.

Atribuida por PVV. Es probablemente anterior a las primeras poesías de Góngora, en cuya obra no se encuentra un
solo zéjel.

Versión diferente en *La casa de los celos* de Cervantes,
acto III:

> *Corrido va el abad*
> *por el cañaveral,*
> *corrido va el abad.*
>
> Corrido va y muy mohíno,
> porque, por su desatino,
> cierto desastre le vino,
> que le hizo caminar
> *por el cañaveral.*
>
> Confiado en que es muy rico,
> no ha caído en que es borrico,
> y por aquesto me aplico
> a decirle este cantar,
> *por el cañaveral.*
>
>   (*BAE*, t. 156, p. 101a).

Alín cita otros textos y reproduce el del ms. 3915, parecido
al de PVV con ligeras variantes (*Cancionero español de tipo
tradicional*, n.º 813).

Ella le oía
y le respondía
que le curaría   15
su llaga mortal.
       Corrido va.

Con tal confïanza
el abad se lanza,
sin temer mudanza   20
del mal temporal.
       Corrido va.

El que se lanzaba,
y Alejo que entraba,
que entonces llegaba   25
de su higueral:
       corrido va.

Y cogiendo al zote,
con un buen garrote,
desde el pie al cocote,   30
le hace cardenal.
       Corrido va.

LXXII

Dejando Anilla los baños
en que se solía lavar,
arroyo sale a buscar
a quien contalle sus daños;
que lavando paños,   5
la ven los cielos
deshilar aljófar
de sus ojuelos.
Ved qué son celos,
pues se quejan con ellos   10
los arroyuelos.

Atribuida por MI y publicada por Alda Croce (*Poesías inéditas*, en *Bulletin hispanique*, 1951). No puede ser de Góngora.

Un bullicioso arroyuelo
lisonjero del dolor,
parlero y murmurador,
solicitó su consuelo;   15
pero de Anilla recelo
que no le podrá tomar,
que su celoso pesar
ya no es capaz de consuelo.
Ved qué son celos,   20
pues se quejan con ellos
los arroyuelos.

A las mudanzas atenta
del fugitivo cristal,
llorando Anilla su mal,   25
ya su caudal acrecienta;
con sus desdichas contenta,
medrosa de mayor daño,
teme más un desengaño
que el pesar de sus desvelos.   30
Ved qué son celos,
pues se quejan con ellos
los arroyuelos.

24 *Fugitivo cristal*: Góngora emplea esta metáfora en el *Polifemo* (v. 328), pero dándole un doble sentido ('agua' y 'cuerpo blanco de Galatea') que aquí no tiene.

LXXIII

En San Julián,
de somo el collado,
¡si me vieras, Juan,
jugar el cayado!

Atribuida a Góngora por PVV, como la letrilla LXXI, y con tan poco fundamento.

Es parodia de una canción publicada en Valencia en 1561, en la *Segunda parte del Cancionero llamado Sarao de Amor*

Subieron ayer   5
del cerro a la ermita
Teresa y Benita,
Pablo y su mujer,
donde, juro a San,
te hubieras holgado,   10
si me vieras, Juan,
jugar el cayado.

Como estaban solas,
pidióme Teresa
que sacase apriesa   15
mi cayado y bolas;
quitéme el gabán,
saquéle de grado.
¡Si me vieras, Juan,
jugar el cayado!   20

Ahorróse Inés
de su ropa, y luego
se comenzó el juego
de uno y dos y tres.
Dí con ademán   25
de muy enamorado.
¡Si me vieras, Juan,
jugar el cayado!

---

de Timoneda (véase el texto en mi ed. crítica, pp. 367-368):
seis estrofas de tono ingenuo y vocabulario rústico. La canción de Timoneda fue rehecha (o, como se decía, "contrahe-
cha"), en seis estrofas también, por Baltasar del Alcázar: el
texto, conservado por el ms. 516 de la Biblioteca Provincial
de Toledo, ha sido publicado por Dámaso Alonso y José Manuel Blecua en su *Antología* (n.º 416).
    Ni en la canción de Timoneda ni en la de Alcázar se en-
cuentran las alusiones eróticas que están en la imitación atribuida a Góngora, que, por otra parte, parece incompleta:
supongo que faltan las dos últimas estrofas, que serían todavía
más verdes.
    Otras referencias en Alín, *El cancionero español de tipo tra-*
dicional, n.º 470.

Pisóse las faldas
corriendo Bartola,   30
por dalle a mi bola,
y cayó de espaldas;
anduve galán,
alcéla del prado.
¡Si me vieras, Juan,   35
jugar el cayado!

LXXIV

1

Echóse Leandro al mar,
Ero en esto se desvela,
hecha norte y centinela,
    por amar;
Mas viendo muerto llegar   5
al que en sus brazos espera,
se arrojó como si fuera
el remedio a su dolor,
    por el amor.

Atribuida por CC según Gallardo (*Ensayo,* IV, 1217; los
cuatro primeros versos).

Anónima en PEVI y XV. Figura también en un ms. des-
conocido estudiado por Barbieri, el cual, después de copiar
las estrofas 1 y 4, añade esta indicación: "Y otras cuatro
estrofas, tan malas como éstas". Según Barbieri, este ms. podía ser obra "de un andaluz, que quizás sería buen músico,
pero que escribía detestablemente".

Las tragedias de amor evocadas en la primera y la tercera
estrofa ocupan un lugar importante en la obra de Góngora,
y quizá fue este detalle el que motivó la atribución. Pero basta
leerla para rechazarla sin más demostración.

1 Var. BARB y CC: "Echase".

2

Paris fue a Grecia a robar   10
a la hermosísima Elena,
sin llevar temor ni pena,
       por amar;
vuélvese, y mira abrasar
su patria, deudos y casa,   15
y que se convierte en brasa
la tierra do fue señor,
       por el amor.

3

Viendo Píramo rasgar
el manto de su querida,   20
se quitó él propio la vida,
       por amar;
Tisbe le vino a buscar,
y, como muerto le halló,
en su espada se enlazó,   25
despreciando su valor,
       por el amor.

4

Acaba de sugetar
un ejército Sansón,
siendo oveja el león,   30
       por amar;
vuélvese luego a entregar
en mano de una muger;
ésta le hizo perder
toda su fuerza y valor,   35
       por el amor.

5

Amón, para remediar
su mal, se finge indispuesto,
tomando este presupuesto
        por amar;   40
fuerza a su hermana Tamar,
y tanto el amor le inflama
que no mira que es su hermana,
ni de su padre el rigor,
        por el amor.   45

6

Paris, Elena y Tamar,
Ero, Leandro y Amón,
Tisbe, Píramo y Sansón,
        por amar:
nadie se debe espantar   50
en ver que de amores muero,
pues yo no soy el primero
que muere deste dolor,
        por el amor.

LXXV

Este mundo es una escala:
unos la suben y otros la bajan.

La cayada de un vaquero
sirva a esta escala de paso
por donde al Imperio acaso   5
suceda un Tártaro fiero.

Atribuida a Góngora por GA, de donde la copió Foulché-
Delbosc (*Poésies attribuées à Góngora,* n.º 41). Texto estragado.
Muy sospechosa.
    Fue plagiada por Trillo y Figueroa (ed. Gallego Morell,
p. 250).

Y un Rey en verjas de acero
le trae la persona presa,
y a los perros de su mesa
en las migajas le iguala.   10
Este mundo es una escala:
unos la suben y otros la bajan.

De un cordel esta escalera
la subió alguno tirado,
que ya la bajó llevado   15
del collar de una venera;
y abrirle hizo carrera
este lisonjero falso
al luto de un cadahalso
desde el dosel de su sala.   20
Este mundo es una escala:
unos la suben y otros la bajan.

El caduco parecer
de las damas paso sea,
pues hoy, mal sana y bien fea,   25
pluma no puede mover,
quien loca, pisando ayer
las nubes de sus chapines,
desafió serafines
a volar ala por ala.   30
Este mundo es una escala:
unos la suben y otros la bajan.

10 Alude a la historia de Tamorlán, de quien se decía que había
   sido vaquero en su juventud; después de vencer al sultán Ba-
   yaceto, lo mandó encerrar en una jaula de hierro. Sobre la
   fortuna literaria de Tamorlán en España, véase el libro de
   Albert Mas, *Les Turcs dans la littérature espagnole du Siècle*
   d'Or, t. II, pp. 54-65 (París, Centre de Recherches Hispani-
   ques, 1967).
      Sería mejor leer "Y *a* un Rey" (v. 7).
24 "Paja sea" en el ms. Corrijo a partir de la imitación de
   Trillo.

Yo vi levantados ciento
que la envidia derribó,
y a cada cual les tocó   35
como pelota de viento;
la una le da con tiento,
la otra con fuerza aprieta,
la lisonja con raqueta
pero la envidia con pala.   40
Este mundo es una escala:
unos la suben y otros la bajan.

---

39 En el ms.: "vaqueta". Corrijo según la imitación de Trillo.

LXXVI

He quedado tan rendido,
mi señora, en sólo verte,
que será cierta mi muerte,
cuando Dios fuere servido.

1

Con tan gran tormento quedo,   5
cuando yo de ti me aparto,
que ni como estando harto,
ni duermo cuando no puedo;
al fin yo me veo herido
y mi mal es de tal suerte   10
que será cierta mi muerte,
cuando Dios fuere servido.

Atribuida por PVV. Anónima en OA.
PVV: 1 - 2 - 3.
OA : 2 - 1 - 4 - 5.
Parodia, a base de perogrulladas, de las poesías amorosas
de los viejos cancioneros. Aunque no es mala, no puede ser
de Góngora: cuando se burla del antiguo ideal del amor cor-
tés, adopta un tono mucho más mordaz. Véase, por ejemplo,
la letrilla XXV.

2

Es de tal suerte mi amor
y mi loco desvarío
que en el invierno he frío   15
y en el verano calor.
¿Qué ha de hacer un afligido
que padece mal tan fuerte,
sino rendirme a la muerte,
cuando Dios fuere servido?   20

3

Por solo aquese desdén
he venido a verme tal
que me pesa de mi mal
y me huelgo de mi bien;
a mí por lo que he sufrido,   25
y a ti por no condolerte,
a entrambos vendrá la muerte,
cuando Dios fuere servido.

4

Es un dolor sin compás
el que en tu ausencia poseo,   30
que al punto que no te veo
yo no sé dónde te estás;
no tomaré otro partido.
pues al fin di ya en quererte,
sino entregarme a la muerte,   35
cuando Dios fuere servido.

5

Ya remedio yo no hallo,
pues por ti vivo tan frío
que ni lloro cuando río,
ni estó hablando cuando callo;   40
tiénesme ya tan herido
que, si no gozo de verte,
he de entregarme a la muerte,
cuando Dios fuere servido.

LXXVII

Hoy quiero esparcir al viento
de verdades una suma,
para que vuele mi pluma,
pues vuela mi pensamiento.
Muchos me dirán que miento,   5
mas el cielo es buen testigo
que yo las verdades digo,
a vueltas de un desengaño;
pensarán que les engaño
y dirán que es falsedad,   10
mas Dios sabe la verdad.

Atribuida por AS y publicada por Ignacio Aguilera y San-
tiago en el *Boletín de la Biblioteca Menéndez y Pelayo*, 1928,
X, p. 146.
Versión truncada en MD, fo. 130 v. (las cuatro primeras
estrofas y el reclamo de la quinta).
Prosaica y confusa. No puede ser de Góngora.

Nunca tuvo por desdén
la casada distraída
el estar mal recibida
por haberse dado bien;   15
no mira cómo ni a quién
admite para su gusto;
cualquiera le viene justo,
sin mirar en su deshonra,
porque dice que su honra   20
vive con seguridad;
mas Dios sabe la verdad.

Una doncella que fue,
y agora serlo quisiera,
pensó que ninguno viera   25
lo que todo el mundo ve.
Fuese de la mano al pie,
corrió tras el pasatiempo
y agora que llega el tiempo,
se le conoce en la cara   30
que llegó hasta donde para
su perdida honestidad;
mas Dios sabe la verdad.

Una viuda recatada
guarda su honor con ayuno,   35
tocada de veinte y uno
y de ciento destocada.
Préciase de muy honrada
en lo público y secreto,
y sin guardarle el respeto   40
en la villa se publica
que es muy cierto que se pica,
porque tiene libertad;
mas Dios sabe la verdad.

---

31 Este verso falta en AS y en mi ed. crítica, publicada antes de
conocer el texto de MD.

Una moza de soldada   45
nunca soldada aunque rota,
en más manos que pelota,
[más] fregona que fregada,
más asquerosa y manchada
que los platos y escudillas,   50
si los friega de rodillas
ella se enjuaga de espaldas.
Si se le mojan las faldas
dice que es de la humedad,
mas Dios sabe la verdad.   55

Sólo el nombre de la monja
dice que la monja es
la madre del interés,
la adulación y lisonja;
hace de la bolsa esponja   60
como todo el mundo ha visto;
pretendiente de Antecristo,
llena de celos y quejas,
con más hierro que sus rejas,
nos vende su santidad,   65
mas Dios sabe la verdad.

A una discreta le dan
en la villa mil provechos
y tiene más tercios hechos
que ha llevado un ganapán;   70
ella pase con su afán,
y es porque no es la primera
que ha servido de tercera
cuando templa amor su lira,
y es el tercio donde aspira   75
la pluma de su bondad,
mas Dios sabe la verdad.

Un amigo dijo ayer
que, para mayor nobleza,
lleva sobre la cabeza
los hechos de su mujer.   80
Nunca lo estorba el placer
ni tiene pendencia alguna,
que en el cuerno de la luna
ella pone a su marido,   85
y es él, jamás advertido,
causa de cierta amistad,
mas Dios sabe la verdad.

Ya no es la justicia igual
por más que a serlo se esfuerza,   90
que no hay vara que no tuerza
sólo un peso de un real;
en cualquiera tribunal
es oído mejor el rico;
yo de oídas certifico   95
que, aunque es buena la razón,
oyen el son de un doblón
con mejor facilidad,
mas Dios sabe la verdad.

Al escribano el decoro   100
es bien guardarle, pues él
de una mano de papel
sólo saca un dedo de oro;
con esto crece el tesoro
del dinero que recibe;   105
lo que hurta no se escribe,
pues van creciendo sus sumas,
él ha de sacar sus plumas,
y lo de Su Magestad,
mas Dios sabe la verdad.   110

LXXVIII

Mozuela de la saya de grana,
sácame el caracol de la manga.

1

Orillica el vado,
al rayo del sol,
topé un caracol   5
fresco y colorado;
tráigole guardado
para mi muger,
y si quieres ver
cosa tan galana,   10
mozuela de la saya de grana,
sácame el caracol de la manga.

2

Tornaráte loca
caracol tan nuevo;
por tal se le llevo   15
a Marta de Coca,
para que en su toca
le traiga y le cuelgue,
y a fe que se huelgue,
y ande muy lozana;   20
mozuela de la saya de grana,
sácame el caracol de la manga.

Atribuida por PVV y publicada en 1872, según ese mismo ms., por Lustonó en su *Cancionero de obras de burlas provocantes a risa* (p. 269). Anónima en OA y PEIV.

No es mala, pero no puede ser de Góngora, ni siquiera joven: sus poesías de juventud son siempre más refinadas y más modernas de tono.

Sigo el texto de OA. La cuarta estrofa falta en los otros dos mss.

2 *Caracol*: cf. letrilla XC. Sentido erótico, como "manga", "lana" y "porcelana".

3

Es mi caracol,
vista su fineza,
la más linda pieza   25
que tiene español;
y Ana de Braiñol,
la de Juan Miguel,
mil veces por él
dio su porcelana.   30
Mozuela de la saya de grana,
sácame el caracol de la manga.

4

Por más que sea honrada,
no se le fiaré,
porque sin él sé   35
que no valgo nada;
y ansí no me agrada
a nadie fiallo;
mejor es guardallo
envuelto en su lana.   40
Mozuela de la saya de grana,
sácame el caracol de la manga.

5

Antoña Zumel,
la prima de Marta,
nunca se vio harta   45
de jugar con él;
y él es tan fiel,
cuando se le doy,
que a su lado estoy
toda la mañana.
Mozuela de la saya de grana,   50
sácame el caracol de la manga.

LXXIX

Paloma era mi querida,
y sí que era palomilla.

Sus alas le dio el Amor,
y al sol águila con él,
caudalosamente fiel,   5
le registró su esplendor,
reconcentrando su ardor
en los soles de sus ojos:
¿Qué mucho que por despojos
rayos su vista despida?   10
Paloma era mi querida,
y sí que era palomilla.

Desconfïada de sí,
oponerse no se atreve
al tierno pecho la nieve,   15
al dulce pico el rubí;
feliz esposo, que allí
le concede su afición
que en néctar el corazón
del cebo le sea bebida.   .20
Paloma era mi querida,
y sí que era palomilla.

Cuando se ausentó su esposo
de su nido y de su lecho,
fue rasgando el blanco pecho   25
su pelícano amoroso;
ella negada al reposo,

Publicada y atribuida a Góngora por Joseph Alfay en 1654
(*Poesías varias de grandes ingenios*) y 1670 (*Delicias de Apolo*).
Atribución tardía y más que sospechosa, rechazada por J. M.
Blecua en su reedición de la antología de Alfay.

Es una mala imitación del estilo y de las imágenes de Góngora; el sentido resulta muchas veces impreciso, cuando no llega a ser totalmente ininteligible.

por su ausencia querellosa,
sólo en lágrimas reposa,
sólo en suspiros anida.   30
Paloma era mi querida,
y sí que era palomilla.

El dulce arrullo y gorjeo,
cuando más la regalaba,
cuando su pico le daba,   35
echa menos su deseo.
Desta memoria trofeo
la tiene en su confianza,
y triunfando en la esperanza,
lo que es muerte trueca en vida.   40
Paloma era mi querida,
y sí que era palomilla.

LXXX

¿Qué es cosa y cosa y cosa?

Desde el talón al copete
parece el galán soldado,
de puro andar emplumado,
más que soldado, alcagüete;   5
más muertes su andar promete
que una peste rigurosa;
¿qué es cosa y cosa y cosa?

Atribuida a Góngora en *ca*. Reproduzco el texto editado
por D. Alonso y R. Ferreres. No puede ser de Góngora.
1 El origen de la atribución de esta letrilla (y quizá también de
la letrilla CIV) se ha de buscar en parte en este estribillo,
semejante al del romance "De unas enigmas que traigo", también atribuido a Góngora. Otro elemento que pudo originar
esta confusión es la similitud de los temas satíricos de las
estrofas 1, 2, 3, 7 y 8 (soldado "emplumado", valentón, ginovés, médico y letrado) con algunas letrillas auténticas de don
Luis.

Hay valentón que arrobina
el mundo con votos nuevos,   10
al que sólo poner huevos
falta para ser gallina;
si a una peña el rostro inclina,
piensa dejalla medrosa:
¿qué es cosa y cosa y cosa?   15

Al ginovés la malicia
ocupa los pensamientos,
pues que con tantos asientos
siempre está en pie su codicia,
transformando su malicia   20
en oro y plata preciosa;
¿qué es cosa y cosa y cosa?

Hay mil poetas chicharras
que sólo a fuerza de soles
cantan versos españoles   25
al rüido de guitarras;
sus frentes coronan parras
sin la rama victoriosa;
¿qué es cosa y cosa y cosa?

El portugués, que en el cebo   30
de amor pica y espera,
promete a su fe sincera
que es fuerza dalla con sebo;
celos piensa dar a Febo
con su Dafne rigurosa;   35
¿qué es cosa y cosa y cosa?

9 *Arrobina*: ¿error por "arruina"?

Poderosos caballeros
y príncipes eminentes
dan, a fuerza de presentes,
futuros no venideros;   40
son cartujos sin dineros
en reclusión codiciosa;
¿qué es cosa y cosa y cosa?

Médicos vi principales,
no diré cuáles ni quiénes,   45
que sus vidas y sus bienes
hacen mil muertes y males;
véndennos por muchos reales
la enfermedad peligrosa;
¿qué es cosa y cosa y cosa?   50

Hay sin letras proveído
en una plaza letrado,
en la plaza bien cansado
por ser en ella corrido;
vive triste y afligido   55
por tener mujer hermosa;
¿qué es cosa y cosa y cosa?

41 Sería mejor leer: "son cartujos sus dineros".

LXXXI [a . 1589]

Regálame una picaña,
porque le taña.

Una dulce picarilla,
porque oyó mi guitarrilla,
me sahuma con pastilla,   5
y en agua de olor me baña,
porque le taña.

Dice que se irá, si quiero,
conmigo a un despeñadero,
y si me hago santero,   10
ella será mi ermitaña,
porque le taña.

Cuando ella sus años cuenta,
con diez no llegan a treinta,
y es tan vieja, que me cuenta   15
de la pérdida de España,
porque le taña.

Atribuida por CO. Ramírez de las Casas Deza apuntó al
margen: "No es de Góngora"; y, en efecto, aunque no le
falta gracia, es muy poco verosímil que sea de él.
    Fue publicada en 1589 y en 1591 en la *Flor de varios ro-
mances nuevos* de Pedro de Moncayo. En esta segunda edición, se halla colocada en una serie de poesías de Góngora
("Que se nos va la Pascua, mozas", *"Regálame una picaña"*,
"Agora que estoy de espacio", "Noble desengaño", "Aquí entre
la verde juncia"), detalle que explica sin duda su atribución.
    Figura también anónima en RAV, fo. 213, con una quinta
estrofa que no se halla en los otros textos. He adoptado la
presentación de este último ms., que es la de un zéjel re-
gular.
1 Var.: "Muéreseme una picaña" (*Flor* de 1589 y RAV).
2 Var.: "la taña" (*Flor*; íd. en todos los estribillos).
    Sobre el sentido erótico de las metáforas sacadas del voca-
bulario de la música, ver *Floresta*..., poesías n.º 52, 88 y 91.

Ella limpia mi persona,
cose, lava y almidona,
sino que es la muy fregona   20
como un caballo de caña,
porque le taña.

Es su amor tan firme y puro
que dice que tras de un muro
la encierre, y por más seguro,   25
le mande echar una laña,
porque le taña, porque le taña.

19 Cf. letrilla atribuida LXVIII, v. 42.

LXXXII [a . 1593]

Soy toquera y vendo tocas,
y tengo mi cofre donde las otras.

Es chico y bien encorado
y le abre cualquiera llave,
con tal que primero pague,   5

Atribuida a Góngora en el *Cancionero de obras alegres* publicado en 1875. La atribución es tan tardía que casi no merece discutirse.

Fue publicada por primera vez, sin nombre de autor, en la *Tercera parte de Flor...* de 1593 (*Fuentes*, III, p. 60), de donde pasó al *Romancero general* de 1600 y 1604. La conocían, pues, de sobra todos los aficionados del siglo XVII; ninguno, sin embargo, la consideró como de don Luis, aunque por la fecha y por el contenido erótico correspondía al tipo de letrillas que le solían achacar.

"De incierto autor" en VIT y anónima en OK (donde falta la tercera estrofa).

Fue plagiada por Trillo y Figueroa (ed. Gallego Morell, p. 122), el cual añadió algunas alusiones eróticas de su propia cosecha.

Véanse otras referencias en Alín, *El cancionero español de tipo tradicional*, n.° 728.

el que le abriere, el tocado;
que yo no vendo fiado
como otras toqueras locas,
y tengo mi cofre donde las otras.

Es mi cofre de una pieza,   10
pero caben muchas dentro,
y no le veréis el centro,
aunque metáis la cabeza;
y negocio con presteza,
y despacho bien mis tocas,   15
y tengo mi cofre donde las otras.

Lo que más todos le alaban
es que no consiente clavo,
que los hincan hasta el cabo
y al momento se desclavan;   20
y mis tocas no se lavan
ni las manchan cosas pocas,
y tengo mi cofre donde las otras.

Vendo tocas enceradas
y descansos muy delgados,   25
y diferentes tocados,
si hay pagas adelantadas;
y aunque las compro estiradas,
por vender más, las doy flojas,
y tengo mi cofre donde las otras.   30

LXXXIII

¡Oh hidiputa, tiempo tacaño,
los amigos que se usan hogaño!

1

Pues gracias a Dios mejoro
ya de mi grave dolencia,
quiero en mi convalecencia   5
cantar los males que lloro;
no quiero guardar decoro
a quien no guarda amistad;
publíquese la verdad,
y salga a luz el engaño.   10
¡Oh hidiputa, tiempo tacaño,
los amigos que se usan hogaño!

2

¡Qué de amigos que se ofrecen
cuando ven prosperidad,
y viendo necesidad   15
luego se desaparecen!
¡Qué bravamente encarecen
lo que os aman, y os fatigan,
y cuán poco se lastiman
en viendo a la vista el daño!   20
¡Oh hidiputa, tiempo tacaño,
los amigos que se usan hogaño!

Atribuida por T. Muy sospechosa. Hay cierta semejanza entre la cuarta estrofa y los romances auténticos "Dejad los
libros ahora" y "Despuntado he mil agujas" (Millé, 32 y 42);
la atribución a Góngora pudo originarse de este parecido.
2 Cf. Correas: "Los amigos desta era: el pan komido, la kon
pañía deshecha". (*Vocabulario*, p. 222a. Variantes).

3

El amigo y el pariente
de quien vos tenéis más fe,
una o dos veces os ve   25
cuando estáis preso o doliente;
mas si crece el accidente,
temiendo que le pidáis,
por allá no le cojáis
ni os vuelva a ver en un año.   30
¡Oh hidiputa, tiempo tacaño,
los amigos que se usan hogaño!

4

De la dama que adoráis,
o de vuestra amada esposa,
por ser la causa forzosa,   35
con terneza os ausentáis;
y el amigo que dejáis
que mire por vuestro honor,
a que se le hace el amor
primero que el más estraño.   40
¡Oh hidiputa, tiempo tacaño,
los amigos que se usan hogaño!

5

Daos el amigo mayor
de un cargo la norabuena,
y está rabiando de pena   45
por invidia o por rencor;
y cuando con más amor
parece que se os inclina,
en vuestra ausencia el gallina
rabia por haceros daño.   50
¡Oh hidiputa, tiempo tacaño,
los amigos que se usan hogaño!

LXXXIV [¿a . 1606?]

¡Oh qué bien que baila Gil,
con las mozas de Barajas,
la chacona a las sonajas,
y el villano al tamboril!

Fue a Madrid por san Miguel   5
y el demonio se soltó,
que chaconero volvió,
si iba villano él.
Salgan cuatrocientas mil
que con todas se hará rajas.   10
La chacona a las sonajas
y el villano al tamboril.

Atribuida a Góngora por CO (fo. 342), de donde la copió
Ramírez de las Casas Deza en 1866. De esta copia (ms. RCD;
véase la lista final de fuentes) la trasladó Foulché-Delbosc, sin
indicar la procedencia, para publicarla en la *Revue Hispanique*
en 1906 (*Poésies attribuées à Góngora*).

No puede ser de Góngora. Hay que tener en cuenta que
sobre este estribillo se escribieron por lo menos cuatro canciones, igualmente mediocres: una de Lope, que se halla en
Al pasar del arroyo; la presente letrilla atribuida a Góngora;
y otras dos, anónimas, que se le podrían atribuir con la misma
verosimilitud. (Véanse los textos en mi ed. crítica, pp. 399-401).
A estas cuatro canciones hay que añadir la imitación a lo
divino de Francisco de Avila, publicada en 1606 (*Villancicos
y coplas curiosas al Nacimiento*; texto en Salvá, *Catálogo...*,
n.º 6), que permite fecharlas aproximadamente.

Por lo visto, las cuatro letras, y quizá su versión a lo divino, se adaptaban a la música anónima del "villano" que se
encuentra en el ms. de *Tonos españoles* de la Biblioteca de
Medinaceli, y que ha sido publicado recientemente por Miguel
Querol Gavaldá en su *Cancionero musical de Góngora*, pp. 145-
147 (pero la letra que publica Querol Gavaldá, p. 26, no es la
del ms. de Medinaceli, sino sencillamente la que se atribuye
a Góngora).

10 La expresión "hacerse rajas" parece tópico obligado de toda
evocación de la chacona, cuyos "meneos descompuestos" es-
candalizaron tanto a los moralistas: se halla igualmente en
dos de las tres letrillas mencionadas en la nota precedente.

Un olmo, que el son agudo
en medio el ejido oyó,
con las hojas le bailó,   15
ya que con el pie no pudo.
Con airecillo sutil
las altas movió y las bajas.
La chacona a las sonajas
y el villano al tamboril.   20

Baile tan extraordinario
nadie le ha visto de balde;
varas le costó al Alcalde
y bodigos al Vicario;
el capón del Alguacil   25
ha gastado sus alhajas.
La chacona a las sonajas
y el villano al tamboril.

También en *La ilustre fregona* Cervantes nos dice, a propósito de una chacona, que todos los bailadores "se hacían rajas".
    Es de advertir a este propósito que todas las poesías men-
cionadas en esta nota y en la precedente son canciones sobre
la chacona, pero que no son chaconas, sino "villanos". Las
letras de las chaconas propiamente dichas solían ser, por lo
general, mucho menos inocentes.
16 La atribución a Góngora pudo fundarse sobre el parecido
de estos cuatro versos con varios pasajes de sus poesías auténticas.

LXXXV

Puédese el hombre fiar
de la boca de un dragón,
de las garras de un león,
de los crecientes del mar,
del infierno y su pesar,   5
de un cobarde y su temer,
de un tirano y su poder,
sin que ofendido dél quede;
mas de ningún modo puede
fiarse de una mujer.   10

Del canto de una sirena,
en las riberas del Nilo
del llanto del cocodrilo,
de la voz de una hiena,
del rostro de la murena,   15
del áspid y su morder,
del basilisco y su ver,
sin que ofendido dél quede;
mas de ningún modo puede
fiarse de una mujer.   20

De un enoja[do] villano,
del dardo de un florentín,
de piedras de un mallorquín,
de flechas de un africano,
de mentiras de un gitano,   25

Atribuida por RMM. No puede ser de Góngora: la miso-
ginia radical que la inspira, la monotonía de la enumeración,
la mediocridad del estilo ("del áspid y su morder", "de un
riguroso y su ser", etc.) y, en conjunto, la total ausencia de
chiste y de gracia hacen completamente inverosímil esta atribución.
18 Repite el v. 8.

de un riguroso y su ser,
de un cita y su proceder
que al t[r]oglodita le excede;
mas de ningún modo puede
fiarse de una mujer.   30

Porque infierno, mar, dragón,
temor cobarde, africano,
florentín, áspid, villano,
egipcio, cita y león
le exceden en conclusión   35
en hacer y deshacer,
sujetar, vencer, temer;
mas al fin, por varios modos
fiarse puede de todos,
pero no de una mujer.   40

27 *Cita*: 'escita'.
39 Ms.: "pueden".

LXXXVI

Tener don y sin dinero
yo no le quiero,
porque don y sin camisa
todo es risa.

¿Qué importa que tenga el hombre   5
a las espaldas un don,
si ha menester un bordón
para sustentar el nombre?
Pues no hay fantasma que asombre
como el don si es bordonero,   10
yo no le quiero.

Atribuida por RMM. El texto de algunas estrofas parece
estragado (rimas de los vv. 26 y 29, por ejemplo). No puede
ser de Góngora.

Que diga que es de los Godos
y se llama don Beltrán;
¿de qué sirve ser galán
si trae de fuera los codos?   15
¿No mira que digan todos
que don con un saco de frisa
        todo es risa?

Con este don que pretende
esotro mostrarse honrado   20
un duende a casa ha llevado,
y el pobretón no se entiende,
si le vuelve el don en duende,
no habiendo en casa dinero.
        Yo no le quiero.   25

Que la dama con donaire
se ponga doña Teodora,
¿qué le importa a la señora
si es señora sin donaire?
Andando el don al desgaire,   30
si no tiene cortapisa,
        todo es risa.

---

12 Esta segunda estrofa se parece mucho a la primera de la
letrilla "No tener y gravedad / ¡qué necedad!", publicada
en 1604 en la *Docena parte* del *Romancero general* (n.° 931):

> Hacer uno de los *godos*
> con mucho melindre y don,
> y la lana del jubón
> salírsele por los *codos*,
> y decir que no con *todos*
> conversa y tiene amistad,
>   *qué necedad!*

Sin ser una obra maestra, la letrilla de 1604 es más graciosa
que ésta, lo que me hace suponer que fue ella quien sirvió de
modelo, y no lo contrario: si se admite esta hipótesis, la atribución a Góngora se hace todavía más inverosímil.

Que hayan dado un don en dote
a la mujer del letrado
¿qué importa, si no le han dado   35
una cuera de picote?
Andando el don en pelote,
sin pelo y con pelotero,
    no lo quiero,
porque don y sin camisa   40
    todo es risa.

LXXXVII

El que a su mujer procura
dar remedio al mal de madre,
y ve que no la comadre
sino que el Cura la cura,
si piensa que el Padre Cura   5
trae la virtud en la estola,
    mamóla.

Atribuida por RMM. Es una verdadera perla y es de extrañar que no se halle, atribuida o anónima, en ningún otro de
los mss. que he podido consultar. Si yo tuviera que salvar
una sola letrilla entre las 29 atribuidas, sin vacilar escogería
ésta.

Repárese en estas diez estrofas densas, que son como diez
cuentecillos boccacianos, o diez esquemas de entremeses: es
la estructura de las mejores letrillas satíricas de Góngora ("Los
dineros del sacristán", por ejemplo). El tema (que es el de "Allá
darás, rayo"), el tono sonriente para hablar de liviandades mujeriles y tontería masculina, el chiste verde disimulado en un
concepto o una metáfora, el humor, la gracia, y esa caída im-
pecable de la rima al final de cada estrofa: todo aboga en
favor de la atribución. Fuera de Góngora, no veo quién era
capaz de tanta perfección.

Fue imitada en parte en el *Entremés de la mamóla* (Cotarelo, *Colección de entremeses...*, I, pp. 71b-72a) donde se hallan citados los vv. 40-41 y 61-62, pero de manera tan torpe
que cabe preguntarse si el autor del entremés entendió bien
la letrilla.

Figura en la *Floresta de poesía erótica...*, donde se hallan
explicadas las principales dificultades (pp. 177-178).

Soldado que de la armada
partió a casarse doncel
con la que lo es menos que él   10
(aunque mucho más soldada),
si la vitoria ganada
atribuye a la pistola,
        mamóla.

La dama que llama el paje   15
dejó en la cama a su esposo
y le halló, de celoso,
más helado que el potaje;
si ella dijo era mensaje
de su madre, y él creyóla,   20
        mamóla.

Si abierta la puerta tiene
todo el año la casada,
no es bien la halle cerrada
el marido cuando viene;
y si en abrir se detiene
y piensa que estaba sola,
        mamóla.

El padre que no replica
viendo gastar a las hijas   30
galas, copetes y sortijas,
desde la grande a la chica,
si piensa no usan de pica
cuando ya saben de gola,
        mamóla.   35

El que da mil alabanzas
a su mujer, porque sabe
hacer con estremo grave
mil diferencias de danzas,
si el que pagó estas mudanzas   40
piensa no hizo cabriola,
        mamóla.

Si piensa el que vio amarilla
a su dama de contino,
cuando el rojo sobrevino   45
en una y otra mejilla,
que no es ajena semilla
la que causa esta amapola,
    mamóla.

La dama que en su retrete   50
sólo al tenderete juega,
y para jugarlo alega
ser la cama buen bufete,
si piensa que el "tenderéte"
no es juego de pirinola,   55
    mamóla.

Si piensa el que a doña Inés
en conversación la halló,
donde sólo se trató
de la toma de Calés,   60
que no fue sarao francés
ni acabó en justa española,
    mamóla.

El que, por más que espolee,
no endereza el acicate   65
(quizá porque mejor bate
otro el vientre), si no cree
que, porque no se mosquee,
le han castigado la cola,
    mamóla.   70

LXXXVIII

Abades, guardad el bonete,
que tiran con pistolete.

....

De esta letrilla conocemos sólo los dos versos de la cabeza, gracias a una pintoresca anécdota que nos cuenta Sebastián de Escabias, autor supuesto de los *Casos notables de la ciudad de Córdoba*, editados por la *Sociedad de bibliófilos españoles* (segunda época, t. XXIV, pp. 200-204).

En tiempos de Felipe II, tenía relaciones amorosas un canónigo de Córdoba con la mujer de un "caballero rico y noble" llamado Jerónimo de Angulo (apellido muy conocido en Córdoba). Pero al mismo tiempo el enamorado canónigo cortejaba a una monja "que le servía de entretenimiento". Fue un día a sorprenderlo la señora de Angulo en el mismo locutorio del convento, cuando estaba en conversación con la monja, y se armó un escándalo bastante gordo: "En entrando, nos dice el autor de los *Casos notables*, se fue derecha al canónigo, como una leona, asióle de las orejas, dándole bocados y bofetadas y tantos golpes que lo dejó por muerto".

Así fue como el desdichado Jerónimo de Angulo se enteró de la conducta de su mujer y decidió vengarse. Emboscado en una calle, espero que pasara el canónigo, y le disparó por detrás un pistoletazo, que no acertó a matarlo por milagro: como era invierno, el espesor de sus vestidos ("loba y manto de paño, y por de dentro muy bien forrado") lo protegió, y la bala "se le quedó en los riñones sin ofenderle".

Hubo pesquisas, detenciones, y el propio Felipe II mandó al famoso alcalde Valladar Sarmiento para que averiguara el asunto. Jerónimo de Angulo escapó a Orán, donde quedó más de veinte años, su mujer se refugió en un convento, y el canónigo se mudó a Jaén. Es fácil imaginar la emoción que este acontecimiento produjo en Córdoba, y los comentarios jocosos a los que pudo dar ocasión. En este ambiente escribiría don Luis su letrilla para incitar irónicamente a la prudencia a sus colegas clérigos: "Celebró don Luis de Góngora este hecho con sus satíricos versos, tomando por tema *Abades, guardad el bonete, que tiran con pistolete*".

Lamento no haber conseguido encontrar esta letrilla, porque las circunstancias y el tono del estribillo corresponden tan exactamente a lo que sabemos de las relaciones de Góngora con sus amigos cordobeses, cuando era joven racionero, que me inclino, sin haberla visto, a considerarla como auténtica.

LETRILLAS APOCRIFAS

LXXXIX

*Más mal hay en el aldegüela
que se suena.*

Después de un opilación
(de las de mayo hasta enero),
le entregaron a un barbero   5
una doncella sin don;
y él lleva en esta ocasión
con su doña Catalina
una acabada ruina,

Atribuida por RMM. Desconocida por todos los demás mss.
Rechazada por Góngora, según Chacón.

Sobre el mismo estribillo hay otras composiciones:

1) La letra para cantar con que se acaba el romance anónimo "Ya la tierra y el aurora", publicado en 1621 en *Primavera y flor de los mejores romances* (p. 155 de la reedición de Montesinos).

2) El romance satírico en cinco estrofas "Con ser infinito el daño" de Jacinto Alonso Maluenda. Figura en su librito *Tropezón de la risa*, publicado sin año (poco después de 1631, al parecer) en Valencia (p. 293 de la reedición de E. Juliá Martínez).

3) La *Sátira VII* de Trillo y Figueroa (p. 210 de la ed. de Gallego Morell) plagio de la que se publica aquí.

y con ser tan buen maestro,   10
no la sangra, que otro diestro
antes descubrió la vena.
Más mal hay en el aldegüela
que se suena.

Sirve una casada a dos   15
de opiniones desiguales;
a uno quita cuatro reales,
y a otro da dos de a dos;
y él da mil gracias a Dios
y a su fortuna fiel,   20
pues ella le sirve a él
de un arcaduz toledano,
que adquiere con una mano
y con otra se condena.
Más mal hay en el aldegüela   25
que se suena.

De la viudita presumo,
que al aire suspiros tiende,
que ella, como en él se enciende,
el cuerpo viste de humo;   30
y el mal en que me consumo
ha de sentir, en que pruebe
hacer de las tocas nieve
contra el fuego natural,
porque es de cera el panal   35
y de corcho la colmena.
Más mal hay en el aldegüela
que se suena.

11 *No la sangra*: sobre la significación erótica de "sangrar" y del
vocabulario barberil en general, ver *Floresta de poesía eró-*
tica...

La monja tras de la red,
que la de sus ojos tiende,   40
a todos su vista vende
como cuadro en la pared;
renuncio tanta merced,
que es un dulce rejalgar,
y en el mirar y en el tocar   45
no consiente amor disculpa,
y sin agravar la culpa
no quiero pasar la pena.
Más mal hay en el aldegüela
      que se suena.   50

---

45 Verso largo. Se debe corregir: "y en el mirar y tocar".

XC [a . 1604]

Caracoles pide la niña,
y pídelos cada día.

Rechazada por Góngora según Chacón, aunque casi todos
los buenos mss. concuerdan en atribuírsela.

Fue publicada por primera vez en la *Docena parte* del *Romancero general* de 1604, en un grupo de poesías que parece
habérsele atribuido en conjunto:

N.º 974. "Murmuraban los rocines" (auténtica).
N.º 975. "Que del buen siglo dorado" (apócrifa: es la le-
         trilla XCVI de la presente ed.).
N.º 976. "No me llame fea, calle" (apócrifa: letrilla XCI
         de la presente ed.).
N.º 977. "Caracoles me pide la niña".
N.º 978. "En el almoneda" (romance atribuido).

Figura en el *Cancionero* de Claudio de la Sablonara con la
música de Juan Blas y cuatro estrofas (4, 5, 6 y 7) que no se
hallan en el *Romancero general* ni en los mss. Es posible que
estas cuatro estrofas sean posteriores a 1604, pero de todas
formas no pueden ser posteriores a 1630. Recientemente, Miguel Querol Gavaldá ha descubierto otra partitura diferente,
de un compositor anónimo, en el ms. de Olot (estr. 1, 2, 3 y 4).
Véanse las dos en su *Cancionero musical de Góngora*, pp. 94-95
y 140-145.

1

De una vez que la tacaña
los caracoles comió,
tal gusto el manjar le dio   5
que por él se desentraña;
y con inquietud extraña,
diversas veces repite
que no hay cosa que así quite
toda su melancolía,   10
y pídelos cada día.

2

Si ella viese cuando estriba
en su concha el caracol,
y saca suspenso al sol
sus cuernos y frente altiva,   15
y, dando espuma y saliva,
se despega y desanuda,
para mí no tengo duda
de que lo aborrecería.
Y pídelos cada día.   20

3

Yo no sé qué nuevo efeto
puede hacer este manjar,
que al gusto del paladar
de la niña es tan aceto;
ella sabe este secreto,   25
pues cuando la persuado
que no es carne ni pescado,
ella que es carne porfía,
y pídelos cada día.

No se puede admitir la atribución a Trillo y Figueroa (*BAE*,
XLII, p. 102; Ch. V. Aubrun, *Chansonniers musicaux*, II,
n.° XXXVII, n. 2), el cual, nacido en 1620, puede difícilmente ser autor de una poesía publicada en 1604.
1 Sobre la interpretación erótica de "caracol", ver *Floresta de
poesía...*, n.ᵒˢ 88-90.

4

Si es carne, como ella mesma   30
lo confiesa, la mocosa,
¿cómo es ella tan golosa
de comellos en cuaresma?
Dice que el padre Ledesma
le mandó que, en penitencia,   35
los comiese con decencia
los sábados si quería,
y *pídelos cada día*.

5

Aunque comida viscosa
y que engendra opilación,   40
danle más satisfacción
por ser la salsa sabrosa;
y la causan a la Rosa,
cuando para su gobierno
sacan un palmo de cuerno,   45
gran consuelo y alegría,
y *pídelos cada día*.

6

Reprehéndela su madre
cuando se los ve comer;
dice que no halla, a su ver,   50
regalo que ansí le cuadre,
y que, a pesar de su padre,
aunque la mate y riña,
poblará dellos la niña
su sotillo y pradería,   55
y *pídelos cada día*.

7

Si la niña está con pena,
con tristeza y con enojo,
para alegrarle el ojo
dénselos después de cena,   60
porque sustancia tan buena
no la probó en su vida;
por ellos anda perdida
si son frescos y en cuantía,
y pídelos cada día.   65

XCI [a . 1604]

No me llame fea, calle,
que la llamaré vieja, madre.

Abra los ojos y vea
lo que la verdad señala,
que no hay moza que sea mala,   5
ni vieja que no lo sea;
la mujer moza es librea,
y la vieja despreciada
es como fiesta quitada,
que mandan que no se guarde.   10
No me llame fea, calle,
que la llamaré vieja, madre.

La mujer más celebrada,
si tiene el rostro arrugado,
es cual vid que se ha secado: 15
muy buena para quemada;
no viva tan confïada,

Rechazada por Góngora según Chacón. Se la atribuyen ocho
buenos mss., y figura también en Hoces. Publicada en 1604
en la *Docena parte* del *Romancero general*, con otras poesías
atribuidas (véase la nota crítica de la letrilla precedente).

sino tenga por muy cierto
que es carne de cuervo muerto
la vieja de mejor carne.   20
No me llame fea, calle,
que la llamaré vieja, madre.

En Palacio la Princesa,
en la Ciudad la Señora,
en la Aldea la Pastora,   25
y en la Corte la Duquesa,
madre, a ninguna le pesa
que le digan que es perfeta;
que la más noble y discreta
se pierde porque la alaben.   30
No me llame fea, calle,
que la llamaré vieja, madre.

XCII [a . 1627]

1

Pues busco la soledad
y procuro recogerme,
despierte el necio que duerme
a la voz de mi verdad;
la más ciega voluntad   5
sus sentidos desembargue,
y cuando a su gusto amargue
el sabor de su semilla,
¿qué maravilla?

Rechazada por Góngora según Chacón. Figura atribuida en Y
(las cinco primeras est.) y en RMM. Anónima en OH.

2

El mercader avariento   10
que goza hermosa mujer,
¿cómo se puede perder
si gana por uno ciento?
Que con su libro de asiento,
sin estar en él palabra,   15
esté en la feria de Cabra,
cuando ella en la de Tendilla,
¿qué maravilla?

3

El barbero singular
que nuestros males nos cura,   20
bien sabe Dios por qué cura
tiene nombre en el lugar;
si, cuando fuere a sangrar
al que tabardillo aprieta,
hallare que otra lanceta   25
llenó en casa su escudilla,
¿qué maravilla?

4

El estudiante que pasa
a Bártulo sin ayuda
todas las veces que muda   30
sus alhajas a otra casa,
si viésemos que se casa
porque hermosa mujer topa,
y que por su buena ropa
se la dan para subilla,   35
¿qué maravilla?

---

25 *Lanceta, escudilla*: otra vez el vocabulario barberil con su doble
sentido. Cf. letrilla LXXXIX, n. 11 (aunque en ésta el verbo
sangrar del v. 23 no tiene sentido erótico).

5

La niña de madre blanda
por virgen siempre desea
que su vecina la crea,
no siéndole por holanda;   40
que al ignorante que anda
adorando su marfil
se le venda por cerril,
habiendo sido de silla,
¿qué maravilla?   45

6

De hacienda mal adquirida
el rico, con sus caudales,
hace en la muerte hospitales
de los pobres que hizo en vida;
que al tiempo de la partida,   50
por hacerla en buen estado,
de las capas que ha quitado
quiera hacer una capilla,
¿qué maravilla?

XCIII [a . 1621]

1

Que tenga el engaño asiento
cerca de alguna grandeza,
y que pueda la riqueza
dar a un necio entendimiento;
que perezca el buen talento   5

Rechazada por Góngora según Chacón. Fue publicada por
primera vez, anónima, en 1621, en *Primavera y flor de los
mejores romances*. En 1627, Vicuña la puso entre las obras de
Góngora. Figura también en Hoces. Anónima en Y.
Astrana Marín la publicó entre las poesías de Quevedo
(p. 75), asignándole la fecha de 1603: "Es positivamente de

si a decir verdad aspira,
y que tenga la mentira
título de adulación,
milagros de Corte son.

2

Que don Milano afeitado   10
ajeno linaje infame,
y que Mendoza se llame
por lo que tiene de Hurtado;
que diga ser más soldado
que en su tiempo el de Pescara,   15
y que ya se llame Guevara,
el que no es más que Ladrón,
milagros de Corte son.

3

Que el soldado de Pavía
cuente y jure hazañas grandes   20
porque tuvo niño en Flandes
achaques de alferecía;
su caudal es bizarría
y por lo bravo se llama,
al dormir, león sin cama,   25
y al comer, camaleón.
Milagros de Corte son.

Quevedo, y se halla al final del *Entremés del zurdo alanceador*, cuyo texto seguimos". El texto publicado por Astrana es idéntico al del ms. Y; tampoco es de fiar esa atribución a Quevedo (véase la ed. de José Manuel Blecua).
1 "Fol. 155, p. 2. Letrilla que comienza *Que tenga el engaño asiento.* La última copla, que comienza *Que no vean mil maridos,* etc., es maldiciente para los casados". (*Censura* del Pe. Pineda. Adviértase que el orden de las estrofas en *v* es diferente: 1 - 6 - 2 - 3 - 4 - 5).

4

Que la dama escabechada
preste al aire trenzas rojas,
y que engañe con las hojas   30
como parra vendimiada;
que la píldora dorada,
receta de mano suya,
con afeite de aleluya
cubra arrugas de pasión,   35
milagros de Corte son.

5

Que no vean mil maridos
cosas que las verá un ciego,
y que a las voces del fuego
quieran tapar los oídos;   40
que se precien de entendidos
y presuman de valientes,
y no fueron más pacientes
los asnos de San Antón,
milagros de Corte son.   45

6

Que estés, Amor, tan quebrado
y tan corto de caudal
que ya te piden señal,
como a cuerpo endemoniado;
que te precies de letrado,   50
y aunque los aires penetras,
se escriben todas tus letras
en la estampa de un doblón,
milagros de Corte son.

7

Que habiendo viejos del Dante   55
se ablande el amor esquivo,
y la dama del recibo
quiera del gasto el penante;
que el jugador de montante
llame ingenio a la pandilla,   60
que riegue el Prado Esguevilla
y Pisuerga el Espolón,
milagros de Corte son.

55 Esta última estrofa se encuentra sólo en *pf*, Y y Astrana. El
sentido es poco claro. Los dos últimos versos parecen aludir
a la estancia de la Corte en Valladolid: es posible que la fecha
propuesta por Astrana se funde en este detalle.

XCIV [a . 1627]

Salud y gracia, sepades
que vengo a decir verdades.

Atribuida y publicada por Foulché-Delbosc (*Poésies attribuées à Góngora*) a partir del ms. Y, pero esta atribución se
funda en una mala lectura: en realidad, es anónima en Y.
Anónima en OD (fo. 49); atribuida a "Almendáriz" en SA
(fo. 70). El único ms. donde la he visto atribuida a Góngora
es MD (fo. 112 v.; estr. 1 - 4 - 3), consultado después de la publicación de mi ed. crítica.
Hay variantes importantes en el primer verso, que deben
corresponder a atribuciones diferentes: "Del Tajo vengo a cantar" en Y (lo que haría posible una atribución a Liñán, por
ejemplo), "Del Tormes vine a cantar" (lo que hace verosímil la
atribución de SA al salmantino Julián de Almendáriz), o "Al
Tajo vengo a cantar / de orillas de Manzanares" (OD, MD):
bajo esta última forma figura en Chacón, en la lista de las poesías rechazadas por Góngora. Foulché-Delbosc no la hubiera
publicado, si hubiera advertido que se trataba de la misma.
Ultima variante notable: "Al Genil vengo a llorar"; pero
esta vez se trata de un plagio tardío (¡uno más!) del granadino
Trillo y Figueroa (*Sátira X*, p. 265 de la ed. Gallego Morell).
Las nueve estrofas de la presente edición proceden de SA.
Hay sólo siete en Y (1 - 4 - 3 - 9 - 5 - 6 - 8) y en OD (1 - 4 - 3 -
8 - 5 - 6 - 9).

1

Del Tormes vine a cantar
orillas de Manzanares,
aunque para mis pesares   5
mejor me fuera llorar;
mas ya me quiero alentar,
y pues sé que os doy contento,
cuando al son de mi instrumento
salgo a cantar novedades,   10
salud y gracia, sepades
que vengo a decir verdades.

2

Hay en Madrid, de ordinario,
favores por intereses,
con más tajos y reveses   15
que la pluma de un falsario;
y para el señor Datario
hay tercios de Señorías,
porque va en las tercerías
con título de amistades.   20
Salud y gracia, sepades
que vengo a decir verdades.

3

Hay casadas peligrosas
porque son tazas penadas;
hay doncellas encaladas   25
y, caladas, melindrosas;
hay cortesanas briosas,
y entre lienzos de paredes
hay viejas con que lloredes
y niñas con que riades.   30
Salud y gracia, sepades
que vengo a decir verdades.

---

1 *Salud y gracia, sepades*: Góngora juega varias veces con esta
fórmula cancilleresca (Millé, 43 y 162), lo que explica quizá
la atribución.

4

Hay Poetas celebrados
con justa causa famosos,
y poetas invidiosos   35
que presumen de invidiados;
hay otros menos preciados
que son poetas criollos,
y que alegan, por lo pollos,
pollinas autoridades.   40
Salud y gracia, sepades
que vengo a decir verdades.

5

Hay corrientes mormurantes,
hay corridos mormurados,
hay penitentes casados   45
que traen cruces de diamantes,
y discretos maleantes,
en cuyas conversaciones
hay onzas de discreciones
y arrobas de necedades.   50
Salud y gracia, sepades
que vengo a decir verdades.

6

Busconas veréis tapar
de quien todos se hacen cruces,
que pasan entre dos luces   55
como cuartos por sellar;
van de noche a campear,
porque se gastan a escuras
sus pigmeas estaturas
y sus gigantas edades.   60
Salud y gracia, sepades
que vengo a decir verdades.

7

Prestado suelen pedir
caballeros cortesanos,
enfermos de besamanos   65
que nunca saben cumplir:
lindo humor al recibir,
mas, cuando la paga llega,
no tiene el cierzo de Noruega
tan heladas sequedades.   70
Salud y gracia, sepades
que vengo a decir verdades.

8

La vïuda vergonzosa,
toca y monjil de picaza,
con lágrimas de mostaza   75
sale picante y llorosa;
mas en su mesa viciosa
hay jigote de Señores,
pepitoria de Priores,
y picadillo de Abades.   80
Salud y gracia, sepades
que vengo a decir verdades.

9

El marido al uso riñe
con su mujer doña Güeca,
porque en lugar de la rueca   85
petrina de perlas ciñe;
él gusta de que se aliñe
y es, cuando más disimula,
compañero de la mula
que pintan las Navidades.   90
Salud y gracia, sepades
que vengo a decir verdades.

XCV [a . 1627]

Ya el trato de la verdad
en el mundo va faltando,
que adelgaza y quiebra cuando
tira la necesidad;
ya pasó de oro la edad   5
y la de florines hartos,
y llegó la edad de cuartos
que no sé si son de luna;
que quien dice que Fortuna
no es mundo que rueda y bola,   10
        mamóla.

Viene a España de su tierra
el estranjero sagaz
para sus tratos de paz,
que son ardides de guerra;   15
siempre apunta y nunca yerra
al blanco de nuestra plata,
y civilmente nos mata,
porque viene a su interés
el uso a lo ginovés,   20
aunque viste a la española.
        Mamóla.

La hambre y su hidalguía
tan notoria es que le pesa
pase el otro sobre mesa   25
que le sobró a medio día;
y con más melancolía

Atribuida en M. Nota autógrafa de Góngora al margen: "No
es mía". Indicación confirmada por el ms. CH, que la pone
en la lista de poesías rechazadas por Góngora.
   La letrilla atribuida LXXXVII tiene el mismo estribillo, lo
que explica quizá la atribución de ésta.
   Texto muy estragado, incomprensible a veces. Fue plagiada
por Trillo y Figueroa (*Sátira IV*, ed. Gallego Morell, p. 211).

que un antiguo cuartanario
se queje del tiempo vario
y por una de costillas   30
entre diciendo, "¡hola, sillas!",
y no tiene sillas ni ola,
      mamóla.

La doncella en su clausura,
a quien la fama celebra,   35
la vez que topa se quiebra,
sin perder más que la hechura;
hace de su hermosura
tercera y cuarta impresión
por no perder la ocasión,   40
porque se compra y se vende;
mas el cuitado que entiende
que él es solo, y ella es sola,
      mamóla.

La soltera de su antojo,   45
ave antigua de rapiña,
se quiere vender por niña
a precio de las del ojo.
Siempre vive con despojo
y para fiestas de amor   50
viste el rostro de color,
pero quien la quiere así,
si le anocheció alhelí
y le amaneció amapola,
      mamóla.   55

Del Prebendado es mancilla
que, con valelle un tesoro,
le mate la de su coro
como a su mula la silla;
enfrénese pues se ensilla,   60

que el manteo que le tapa
también parece gualdrapa,
y si se mira la espalda
verá que se alzó a ser falda
la que pudiera ser cola.   65
          Mamóla.

64 Ms.: "le alzó a su falda". Corrijo a partir de la imitación de
   Trillo.

XCVI [a . 1604]

1

De aquel buen siglo dorado
quedó la memoria sola,
porque, como el mundo es bola,
todo el mundo anda rodado;
ya viste seda y brocado   5

   Salió anónima en 1604 en la *Docena parte* del *Romancero
general,* junto con otras que se atribuyeron en conjunto a
Góngora (ver nota crítica de la letrilla XC). La primera atribución fechable podría ser la de un pliego suelto de 1612,
vuelto a editar por Eugenio Asensio: "*Aquí se contiene una
relación... por Pedro de Aparicio, privado de la vista. Lleva
al cabo dos romances muy curiosos, de don Luis de Góngora*".
(Ver en la bibliografía final). Pero como no hay dos, sino
tres poesías al final del pliego suelto (entre ellas la presente
letrilla), es difícil saber cuáles son las dos que el autor quiso
atribuir a Góngora.
   En 1627, Vicuña la publicó entre las obras de Góngora, e hizo
lo mismo Hoces en 1633. Pero falta en todos los buenos mss.
Rechazada por CH y por M.
   Orden y número de estrofas muy variables según las fuentes:

   h, v: 1 - 2 - 3 - 4 - 5 - 6.
   M   : 1 - 2 - 4 - 6.
   rg : 1 - 3 - 2 - 4 - 5 - 6 - 7.
   ea : 1 - 2 - 7 - 6 - 4 - 3 - 8.

1 "Fol. 158. Letrilla que comienza *De aquel buen siglo dorado*.
   Murmura de madres y hijas, doncellas y casadas, letrados y
   médicos, etc". (*Censura* del Pe. Pineda).

quien vestía lana y cerda;
y que el mundo no se pierda
con semejante locura,
¡válgame Dios, qué ventura!

2

Que la niña hermosa y bella   10
se nos venda por honrada,
y que la madre taimada
trate sólo de vendella;
que se nos haga doncella
la que tan libre ha vivido,   15
y que al fin halle marido
que supla la soldadura,
¡válgame Dios, qué ventura!

3

Que al novicio pretendiente,
letrado del A B C,   20
le provean porque fue
pasa aquí del Presidente;
que en examen de inocente
haya salido aprobado,
y valga más este grado   25
que alguna colegiatura,
¡válgame Dios, qué ventura!

4

Que el médico celebrado
(en su facultad experto
más por los hombres que ha muerto   30
que no por los que ha sanado),
en un dolor de costado,
con jarabes y sangrías,
mate un enfermo en tres días,
y que le paguen la cura,   35
¡válgame Dios, qué ventura!

5

Que la chocante casada,
con su escuela de danzantes,
tenga diversos penantes,
penados por su penada;   40
que tengan unos entrada
cuando otros tienen salida,
y que, sabiendo esta vida,
tenga el marido cordura,
¡válgame Dios, qué ventura!   45

6

Que el marido a su mujer
halle copete altanero
sin gastar de su dinero
lo que vale un alfiler;
y sentándose a comer   50
entren diversos presentes,
y que, habiendo estos pacientes,
tengan los campos verdura,
¡válgame Dios, qué ventura!

7

Que la dama cortesana,   55
en su doble trato experta,
dando a unos franca puerta,
niegue a otros la ventana;
que peine más de una cana,
y que fingiéndose niña,   60
el uno dé la basquiña,
y el otro la bordadura,
¡válgame Dios, qué ventura!

8

Que viva el otro logrero
dando a todos franca puerta,   65
y quiera abrasar la tierra
vestido en piel de cordero,
y a costa de su dinero
saque sangre de inocente,
y pruebe ser descendiente   70
del noble Nuño Rasura,
¡válgame Dios, qué ventura!

XCVII [a . 1620]

Digamos de lo que siento,
maldiciente Musa, en tanto.
Que la viuda llore tanto,
disimulando un contento,
que tenga manto de Adviento   5
y de Pascua la camisa;
que traiga la alma de risa
y se arañe por el muerto,
          ¡bien por cierto!

Que quiera doña Justicia   10
dejar ricos herederos,
ennobleciendo sus fueros
a la ley de la malicia;
que trueque con avaricia
la espada por el escudo,   15
deje el derecho desnudo
por casarse con un tuerto,
          ¡bien por cierto!

Publicada primero en la ed. Vicuña (lo que indica que fue
escrita antes de 1620), luego en la de Hoces. Atribuida también por los mss. AA, AS, E y Q. Rechazada por CH.
    Var. del primer verso: "Diga Amor lo que siento".
1 "Fol. 159, p. 1. Letrilla que comienza *Digamos de lo que siento.*
Murmura de las viudas y de los jueces y justicias". (*Censura*
del Pe. Pineda).

Que saque al rayo del sol
al que es duro de mollera;   20
que le sirva de escalera
al que le hace caracol;
que al cerrar del Español
esté al militar ruido,
para su infamia, dormido,   25
y ronque estando despierto;
    ¡bien por cierto!

22 *Caracol*: 'cornudo'. El v. 21 alude a la escalera de caracol, y
el 19 a un cantarcillo de niños cuyo texto nos ha sido conservado por Ledesma:

        Caracol, col, col,
        saca tus hijuelos
        al rayo del sol.

    (*Juegos de Noches buenas, BAE*, XXXV, n.º 420).

XCVIII [a . 1620]

1

Es hermosa y con dinero
doña Blanca de Borbón;
no la quiere, aunque pelón,
el natural caballero;
y a ti que eres forastero   5
darla su padre desea.
    ¡Plega a Dios que orégano sea!

Atribuida y publicada por *v* y luego por *h*. También la atribuyen a Góngora los mss. M y RMM. Pero es anónima en OD.
Rechazada por CH.
    Variantes del primer verso: "Hermosa es y con dinero"
(*h, v*); "Si es hermosa y con dinero" (OD).
    Orden y número de estrofas muy variable:

h, v : 1 - 2 - 5 - 6 - 7.
rcd : 1 - 2 - 3 - 5 - 7 - 8.
M   : 1 - 2 - 3 - 4 - 5 - 6 - 7.
RMM: 1 - 2 - 3 - 5 - 6 - 4 - 8.

2

Hermosa mujer tenéis,
sois pobre y de bajo estado,
don Julián os trae al lado   10
y os dice que le mandéis:
pagárselo no podéis,
y él en serviros se emplea.
¡Plega a Dios que orégano sea!

3

Hoy se engríe y engalana   15
la que ayer trujo pañales;
son sus amigas leales,
la criada y la ventana;
cualquier jubileo gana,
cualquier fiesta ver desea.   20
¡Plega a Dios que orégano sea!

4

Brioso galán mozuelo
con Tesea os desposasteis,
y en treinta años no acertasteis
a echar a luz un hijuelo;   25
ya podéis ser bisabuelo,
y os hace padre Tesea.
¡Plega a Dios que orégano sea!

Fecha: ver la nota crítica de la letrilla precedente. El tema
general y el tono recuerdan la letrilla "Allá darás, rayo"
(n.º XV). La similitud es particularmente visible en las estrofas 6 y 7.
1 "Fol. 158, p. 2. Letrilla que comienza *Hermosa es, y con dinero;* todo es notar a los padres, que venden a sus hijas; a los
casados de adúlteros, etc., como también la letrilla que se
sigue, y comienza *Sentencia es de bachilleres".* (*Censura* del
Pe. Pineda).
"Sentencia es de bachilleres": es la letrilla auténtica n.º XXX.

5

Lleváis al amigo fiel
a ver la dama que amáis;   30
vos una vez le lleváis,
y a vos la segunda él;
vos os fiáis mucho dél,
y él en verla menudea.
¡Plega a Dios que orégano sea!   35

6

Tierra dicen que comió
la niña en su opilación,
y fue la transformación
de cuando Adán se formó;
no sé si fue bazo o no,   40
sé que sanó en el aldea.
¡Plega a Dios que orégano sea!

7

Don Gil y doña Teodora
casados en el Danubio,
él es como el oro rubio,   45
y ella blanca como aurora;
y nacen de la señora
los hijos de taracea.
¡Plega a Dios que orégano sea!

8

Muy ansioso busca el padre   50
a la comadre, y con ella
va a buscar a la doncella,
que está enferma de la madre;
y la enferma a la comadre
más que a la ruda desea.   55
¡Plega a Dios que orégano sea!

40 *Bazo*: cf. letrilla atribuida LXVII, tercera estrofa.

XCIX [a . 1620]

Que haya gustos en la Villa,
¿qué maravilla?
Y en la Corte dulce y agro,
¿qué milagro?

1

Que en la Corte, do se junta   5
tanta risa y tanto lloro,
haya quien nos tome el oro
y absuelva cualquier pregunta,
quien apunta y quien despunta,
y entre damas y entre roques,   10
quien a tretas, quien a emboques,
os dé toda la cartilla,
        ¿qué maravilla?

2

El que vive en el aldea
cultivando su heredad,   15
allí culpa nuestra edad
adonde nada desea.
¿Qué mucho que bueno sea
y que, más en fil que un peso,
ni cuide ni trate en grueso,   20
si él engorda con lo magro?
        ¿Qué milagro?

Publicada primero en *v* (las cuatro primeras estrofas solamente), y luego en *h*. Desconocida de todos los buenos mss. Rechazada por CH.
    El estribillo *¿Qué maravilla?* se encuentra igualmente en la
letrilla XCII, también apócrifa.
    Texto estragado y poco claro.

3

El que por favor es hecho
poderoso en el juzgado
esté puesto a ser pagado   25
más que permite el derecho;
que quiera sacar provecho,
pues la esposa que le dan,
como a nuestro padre Adán
le salió de la costilla,   30
    ¿qué maravilla?

4

Si el que poca renta tiene
da a su dama en un vestido
todo el tributo caído,
y libra el tercio que viene;   35
cuando ya no se mantiene
por la justa que mantuvo,
que lo que por dulce tuvo,
empiece a tener por agro,
    ¿qué milagro?   40

5

Que don Alvaro de Luna
suba a la cumbre en buen hora,
pues con su menguante ahora
las cabezas importuna;
si tras de tanta fortuna,   45
para llegar al poder
a muchos hizo caer,
que le armasen zancadilla,
    ¿qué maravilla?

6

Si el Abad de poca renta,   50
a fuer de Obispo pasea
con lacayos de librea,
ahorrada en la pimienta;
si le alcanzan en la cuenta
y en vano la disimula,   55
que se baje de la mula
por ver que el camino es agro,
        ¿qué milagro?

C [a . 1620]

Si a gastar y pretender
a la Corte es tu partida,
no vendrás acá en tu vida;
mas si es a gastar no más,
corre, Carrillo, que presto vendrás.   5

Publicada por *v*. Atribuida también a Góngora en los mss.
PE, Q, RMM, SVA, T, y en *ca*. Rechazada por CH.

Sigo el texto de *ca*. En T hay una primera estrofa que no
encaja bien con las demás:

> Ninguno alcanza que llega
> adonde el deseo alcanza,
> porque una vana esperanza
> el tributo al gusto niega,
> y en ningún punto sosiega
> contento grande ni chico,
> que el pobre quiere ser rico
> y el rico quiere ser más.
> *Corre, Carrillo, que presto vendrás.*

Otras variantes del primer verso: "Sin gastar y pretender"
(SVA), "Sin gastar ni pretender" (PE, Q).

1 "Fol. 159 en la p. 2. La letrilla que comienza *Si a gastar y*
pretender, etta, dice mal de todo lo de la corte, y de las
visitas, sentencias, y acuerdos de los consejos, cohechos, etta".
(*Censura* del Pe. Pineda).

"A folio 160, hay una letrilla que dice *Si a gastar y preten-*
der; allí hay estas palabras: imágenes descubiertas verás, que
tu corazón les ofrece devoción.

1

Altezas por las paredes
verás, y, si te desvías,
toparás mil señorías,
hallarás pocas mercedes;
verás amorosas redes   10
por serafines tendidas,
fin de haciendas y vidas;
y, si en estas cosas das,
corre, Carrillo, que presto vendrás.

2

Verás soldados soldados   15
que toda su paga es plaga,
perdidos por mala paga
cuando están mejor pagados;
hallarás bancos quebrados,
que, oprimidos del trabajo,   20
cogieron vivos debajo,
que ahora muertos verás:
corre, Carrillo, que presto vendrás.

3

Imágenes descubiertas
verás, que tu corazón   25
les ofrece devoción,
pero serán obras muertas;
porque no se abren sus puertas
con sólo ser adoradas,
sino con llaves doradas,   30
que, sin oro, es por demás:
corre, Carrillo, que presto vendrás.

Censura: Este modo de hablar es irrisorio al modo con que
se veneran las imágenes de devoción, y licencioso el mezclar
con cosas profanas cosas sagradas". (*Censura* de fray Fernando Horio).

4

Pasear, que no quisieran,
verás muchos en Palacio,
por ir corriendo despacio   35
a llegar adonde esperan;
verás otros que no fueran,
pues, por pobres Cicerones,
el fin de sus peticiones
no ven cumplido jamás: 40
corre, Carrillo, que presto vendrás.

5

Verás una audiencia oculta
de amor, que trae al más cuerdo
de la visita al acuerdo,
del acuerdo a la consulta;   45
de aqueste enredo resulta
salir condenado el tal
en costas y principal,
que al que apela pelan más:
corre, Carrillo, que presto vendrás.   50

CI [a . 1620]

1

Todo el mundo está trocado,
sólo reina el recibir,
ya nos venden el vivir,
y vivimos de prestado;
el que tuviere un ducado   5

Publicada en 1627 por Vicuña, lo que provocó reacciones
indignadas de los censores de la Inquisición. Volvió a salir,
expurgada de sus estrofas anticlericales, en la ed. Hoces. Atribuida también por GO y LAZ. Rechazada por CH y por AP.
   Es buena y tuvo, al parecer, cierto éxito: la letrilla anónima
"Todo el mundo irá al revés" del *Cancionero de 1628* (p. 496
de la ed. J. M. Blecua) es imitación, o más bien refección de

se verá grande en un día;
la balanza más vacía
subirá más fácilmente;
todo será diferente
y, si algo desto no fuere,   10
será lo que Dios quisiere.

ésta, y repite casi sin modificarlas frases enteras del modelo
(los vv. 18-21 ó 78-81, por ejemplo).

He seguido el texto de GO. Orden y número de estrofas
diferentes en los otros textos:

v : 1 - 2 - 3 - 4 - 5 - 8 - 9 - 10 - 7 - 6 - 11.

h : 1 - 2 - 7 - 6 - 8 - 10 - 11.

LAZ: 1 - 2 - 7 - 6 - 8 - 10 - 11 - 3 - 4 - 5 - 9. (Nota al principio de
la estrofa 3: "De aquí [no] se imprime").

1 "Fol. 159. Décimas que comienzan *Todo el mundo está trocado*;
dice mal de los clérigos en general, y lascivamente, cuando
comienza *Los clérigos deste año son como de Iglesia griega*, etta, y luego de los frailes, *Algún fraile que hizo voto*, etta,
y luego de las monjas, *La monja en su religión*, y luego de
las honestas o beatas, de la *saya y monjil*, y luego de las
madres y de las hijas, y de las casadas, que hay pocas fieles;
y de las viudas; y de otros estados de la Rep[*ública*], hablando
dellos generalmente". (*Censura* del Pe. Pineda).

"A folio 159 hay unas décimas que comienzan así: *Todo
el mundo está trocado*, y dicen estas palabras: los clérigos
deste año son como de iglesia griega, que alguno dellos riega
tres jardines por un caño; a sus gualdrapas de paño, como
las que trae su mula, les dará la noche bula para que entre
dos cojines vaya a rezar sus maitines, y en la parte donde
fuere será lo que Dios quisiere.

En la misma dice así: algún fraile que hizo voto de pobreza
y castidad tendrá por honestidad ser del sesto más devoto; y
más abajo dice: de las de saya y monjil, si ya no lo fue en
la cuna, no se hallará ninguna después de las once mil, y en
la noche que viniere, será lo que Dios quisiere.

Censura: Toda esta letrilla, fuera de ser libello infamatorio
que desdice a las buenas costumbres, es herética en aquellas
proposiciones de la iglesia griega, la cual es católica, y en lo
que dice que Dios quiere los pecados de los clérigos, y en lo
que dice que el fraile piensa ser cosa honesta el pecado contra el sexto mandamiento, y no haber ninguna virgen es no-
tablemente perniciosa, y sospechosa de luterana, por ser irrisión del estado religioso y de los sacerdotes, fuera de ser tan
universalmente contra todos los estados". (*Censura* de fray
Fernando Horio).

2

Ya no hay cosa verdadera,
ni quien decilla presuma;
mil aves vuelan sin pluma,
y el sol da luz por vidriera;   15
las honras serán de cera,
y el oro será el calor;
cogeráse el fruto en flor,
los racimos en agraz,
y del que por bien de paz   20
a madurarse viniere,
será lo que Dios quisiere.

3

Los Clérigos deste año
son como de Iglesia griega,
que alguno hay dellos que riega   25
tres jardines por un caño:
a sus gualdrapas de paño,
como la que trae mi mula,
les dará la noche bula,
para que entre dos cojines   30
vayan a rezar maitines,
y en la parte que esto fuere
será lo que Dios quisiere.

4

Algún Fraile que hizo voto
de pobreza y castidad   35
tendrá por honestidad
ser del sesto más devoto:
y con ver que no hay un coto
desde el nacer al morir,
querrá mandar, y subir   40
a grave Paternidad;
mas si su comunidad
no aprueba lo que él hiciere,
será lo que Dios quisiere.

5

La Monja en su religión,   45
es ya negocio notorio
que hace del locutorio
cátedra de oposición;
llegará a oír su lección
el ignorante y el sabio,   50
ofreciendo de ordinario,
porque con cuatro rosquillas
obran dos mil maravillas;
mas del que en ellas creyere
será lo que Dios quisiere.   55

6

Del Mercader y Escribano
será lo mismo que ha sido,
que el menos pobre y perdido
va al infierno más temprano;
téngalos Dios de su mano,   60
y el viernes de la Pasión
les dé quien por un doblón
se arroje, y que pierda el miedo;
mas decir seguro puedo
que del que los absolviere   65
será lo que Dios quisiere.

7

Que habrá gran copia imagino
de Médicos y Letrados,
los más dellos graduados
por un Conde Palatino;   70
con la fe de un pergamino
destruirán media Castilla,
uno en mula y otro en silla,
y cuando el más docto emprenda
vuestra vida o vuestra hacienda,   75
o mejor con vos lo hiciere,
será lo que Dios quisiere.

8

De las de saya o monjil,
si ya no fuere en la cuna,
no se hallará virgen una   80
después de las once mil;
no les dieron de marfil
muros a su honestidad;
y así tengo por verdad
que de la madre o la hija,   85
que recibe la sortija
o el juguete recibiere,
será lo que Dios quisiere.

9

De las casadas recelo,
por lo que ven mis sentidos,   90
que hay pocas que a sus maridos
no los pongan en el cielo:
es ya el natural anzuelo
el presente y la visita,
y a todas el miedo quita   95
un anascote, y la vieja
que en empanada las deja,
con ver que, si se supiere,
será lo que Dios quisiere.

10

De viuda que mucho llora   100
jamás me enterneció el llanto,
porque sé bien que otro tanto
sabrá alegrarse a deshora:
pocas habrá desde agora
que, después de echar las llaves,   105
estén tristes o estén graves,
porque la melancolía
va con las tocas de día,
y, a la noche que viniere,
será lo que Dios quisiere.   110

11

En cualquier estado al fin
mil mudanzas ha de haber;
ya no se ha de conocer
cuál es bueno y cuál ruin;
téngase bien a la crin   115
el que está más levantado,
porque el mundo de cansado
sirve ya por el envés,
y cuando agora al través
su pináculo no diere,   120
será cuando Dios quisiere.

CII

Ya no soy quien ser solía,
mozuelas de mi lugar,
que no es para cada día
morir y resucitar.

Atribuida por AP, E, M. Anónima en BUB, *de* y GO.
Foulché-Delbosc publicó el texto de E (*Note sur trois manus-
crits de Góngora*, en *Revue hispanique*, VII, 1900, pp. 454-504),
pero no la admitió en su ed. de las *Obras completas*. Rechazada por N.

El orden de las estrofas es el de GO, más completo que
los demás mss.:

AP, E: 1 - 3 - 5.
N   : 1 - 5 - 3 - 6.
BUB : 1 - 4.
M   : 1. (Nota: "faltan").
de   : 1 - 4 - 6 - 5.

1 Modelo posible en la *Segunda parte de la silva de varios
romances* de 1550:

No soy yo quien ser solía,
no, no, no:
sombra soy del que murió.

1

Después que muerto me vi,   5
tan desengañado estoy
que ya no vive el que soy
en las casas del que fui.
Mudéme luego de allí
y paséme a un desengaño,   10
que me lo dan por un año,
y por vida lo querría.
Ya no soy quien ser solía, etc.

2

No me dan celos ruido,
la libertad es mi dueño,   15
Amor no me rompe el sueño,
ni me desvela el sentido;
del sereno me despido,
suspiros no sé qué son,
río y duermo sin pasión,   20
hasta que el alba se ría.
Ya no soy quien ser solía, etc.

Con el mismo verso "Ya no soy quien ser solía" empieza un
villancico a lo divino de Gregorio Silvestre (*BAE*, XXXV,
p. 350).

Correas recogió el principio y el final de esta cabeza:

Ia no soi kien ser solía. *Dize ke a mudado forma i manera de vida.* (*Vocabulario*, p. 158b).
No es para kada día morir i rresuzitar (p. 247a).

Sobre la fortuna literaria de estos versos, véase Alín, *El cancionero español de tipo tradicional*, n.ᵒˢ 5 y 679.

Querol Gavaldá ha publicado la letra (1 - 4 - 2 - 5 - 3) y la
música (anónima) del ms. R. I-14 de la Biblioteca Nacional de
Turín (*Cancionero musical de Góngora*, pp. 97-98 y 148-149).

3

Ya salí de Argel, mozuelas.
Rompí el hierro de cautivo,
ya soy por milagro vivo,   25
libre a pesar de cautelas.
Escapéme a remo y velas
de las manos de un engaño,
y canto mi antiguo daño:
¡mal año, qué tiranía!   30
Ya no soy quien ser solía, etc.

4

Orden mía el alma tiene
que, pues sabe lo que pasa,
diga que no estoy en casa,
si Amor a buscarme viene.   35
Otro le sufra y estrene,
que yo dueño y casa mudo,
y el grave yugo sacudo
que mi cerviz oprimía.
Ya no soy quien ser solía, etc.   40

5

A Dios, casas de posadas,
que colgáis común tablilla,
que ya yo tengo en la villa
mis prendas desempeñadas.
Voluntades alquiladas   45
dan vida y muerte por horas.
Por vendaval de señoras
mi veleta no se guía.
Ya no soy quien ser solía, etc.

6

El alma una vez partida,   50
no admite el cielo soborno,
y de mulas de retorno
hay gran falta en la otra vida;
que un desengaño y caída
bien para escarmiento basta,   55
que aun de jumentos la casta
del peligro se desvía.
Ya no soy quien ser solía, etc.

CIII

Con el son de las hojas
cantan las aves,
y responden las fuentes
al son del aire.

Cuando a las sospechas   5
de mi pensamiento
canto en mi instrumento
llorosas endechas,
cuando agudas flechas
del tirano Amor   10
crecen mi dolor
insufrible y grave,
responden las fuentes
al son del aire.

Publicada y atribuida a Góngora por *El trovador español*
en 1841, p. 68², de donde la sacó Adolfo de Castro para incluirla en el tomo XXXII de la *BAE* (p. 500). Pero es anónima en el ms. en que se fundó *El trovador* (cuyas indicaciones son bastante imprecisas), y que parece ser el n.º 3890 de
la BNM (OI en mi catálogo final), f.º 90. Forma parte de la
serie de trece letrillas anónimas publicadas en 1906 por Foulché-
Delbosc en la *Revue Hispanique* (t. XIV, pp. 598-605), proce-
dentes todas del mismo ms. OI.

Su dulce armonía   15
me ofende y me enoja;
que a un triste es congoja
la misma alegría.
Cuando sale el día,
salgo a suspirar,   20
y cuando a llorar
me obligan mis males,
responden las fuentes
al son del aire.

CIV

Decidme, dama graciosa,
qué es cosa y cosa.

Decid qué es aquello tieso
con dos limones al cabo,
barbado a guisa de nabo,   5
blando y duro como güeso;
de corajudo y travieso
lloraba leche sabrosa:
¿Qué es cosa y cosa?

¿Qué es aquello que se lanza   10
por las riberas de Júcar?
Parece caña de azúcar,
aunque da botes de lanza;
hiere, sin tomar venganza
de la parte querellosa;   15
¿y qué es cosa y cosa?

Atribuida a Góngora en 1872 por Lustonó en su *Cancionero de obras de burlas.* Pero en el ms. utilizado por Lustonó (PVV, fo. 121 v.) es anónima.

Es parodia de una antigua poesía muy casta ("Dezid, dama hermosa / ques cosa y cosa") que se halla en un pliego suelto de 1537. Ver *Floresta de poesías eróticas...*, pp. 155-156.

Aquel ojal que está hecho
junto de Fuenterrabía,
digáisme, señora mía:
¿cómo es ancho siendo estrecho?   20
Y ¿por qué, mirando al techo,
es su fruta más sabrosa?
¿Y qué es cosa y cosa?

¿Por qué vuela pico a viento,
y sin comer hace papo?   25
¿Por qué, cuanto más le atapo,
más se abre de contento?
Y, si es tintero de asiento,
¿cómo bulle y no reposa?
¿Y qué es cosa y cosa?   30

CV

Que entre los gustos de amores
la noche se estime tanto,
    no me espanto:
que es capa de pecadores
y de pecadoras manto.   5

Que esté el padre confiado
en que su hija es doncella,
porque siempre ha visto en ella
un término muy honrado,
pero que viva engañado   10
porque hubo quien a pie enjuto
cogió flor y dejó fruto,
trocando tanto por tanto,
    no me espanto.

Publicada y atribuida por Foulché-Delbosc (*Poésies attribuées à Góngora*) a partir del ms. Y (fo. 177), donde es en
realidad anónima.

Que en la noche más helada,   15
estando el marido ausente,
que busque quien la caliente
la bellísima casada,
y remanezca preñada,
y el marido esté seguro   20
de que su mujer es muro
formado de cal y canto,
    no me espanto.

Que la viuda ensabanada,
los ojos en el sagrario,   25
tenga en la mano el rosario
y se nos muestre elevada,
y que, la noche llegada,
la visite el clerigón
por hija de confesión,   30
sin ser él el Padre santo,
    no me espanto.

Que en la iglesia le amanezca
a la beata jergona,
y que apenas hay persona   35
a quien santa no parezca,
y que apenas anochezca
cuando, dejando el jergón,
sepa gozar la ocasión
y olvidar tristeza y llanto,   40
    no me espanto.

Que, olvidada de su voto,
de día en el librador
tenga firmezas de amor
la monja con su devoto,   45
y que ande todo tan roto,

que, picada en este cebo,
gaste más velas de sebo
que peces tiene Amaranto,
no me espanto. 50

49 *Amaranto*: ciudad portuguesa a orillas del Támega. No sé
si este río tendría tantos peces como lo dice el autor de esta
letrilla; lo cierto es que las velas de sebo del verso 48 no se
gastarían ardiendo en un altar.

CVI

A la que causó la llaga
que en mi corazón renuevo,
yo la quiero como debo,
y el Ginovés como paga. Etc.

Atribuida a Góngora por el ms. Q, fo. 46 v. Es de Quevedo
(*BAE*, LXIX, p. 96, o *Clásicos Planeta*, ed. J. M. Blecua,
n.° 665). No hay variantes notables en el texto de Q (4 estr.).

CVII

Santo silencio profeso,
no quiero, amigos, hablar,
que nunca por el callar
se hizo a nadie proceso. Etc.

Atribuida por T, p. 145. Es de Quevedo (*BAE*, LXIX, p. 86,
o *Clásicos Planeta*, ed. J. M. Blecua, n.° 646). La última estrofa
de T falta en las colecciones impresas:

Si ya por los coches gritan,
y si hay mujer tan cochera
que ser regüeldo quisiera
porque los coches se quitan,
si hay invidia de los que habitan
con coches en Sagurdón,
¡chitón!

CVIII [a . 1627]

De la vuelta de la villa
mucho traigo que contar,
mas no quiero murmurar.

Cual si fuera el mundo juego
viven los que están en él: 5
con espadas el cruel
y con los bastos el ciego;
el pobre que ejerce el juego
y el bebedor con las copas,
y tú, si los oros topas,   10
los robas para triunfar;
mas no quiero murmurar.

La niña que ayer sabía
apenas quitarse el moco
hoy no se espanta del coco   15
que escala su celosía;
mas el padre que la cría
piensa que guarda una joya,
y es el caballo de Troya
su duro vientre al tentar;   20
mas no quiero murmurar.

Veréis la casada bella
todo el discurso del año
dar la puerta al hombre estraño
y a su marido con ella;   25
y si se pisa o se huella

Atribuida por CC y por RMM. Es muy buena, pero rechazada por el propio Góngora según Chacón, como las letrillas LXXXIX a XCV.

Texto de RMM, única fuente conocida después de la des-
aparición de CC.

en su casa turca alfombra,
es porque sirve de sombra
quien la debiera asombrar;
mas no quiero murmurar.   30

¿Qué es ver una tela entera
de lienzo sobre un monjil,
y debajo el mes de abril
cubierto de primavera?
Que la viuda más sincera   35
nos quiere en esto decir
que, pues se sabe vestir,
que se sabrá desnudar;
mas no quiero murmurar.

Barba larga peina y cría   40
el que en las ciencias es mozo,
por dar con este rebozo
crédito a su abogacía;
según lo cual yo diría
que tiene mejor acción   45
para abogar un cabrón,
que este tal para bogar;
mas no quiero murmurar.

Hombre hay en esta audiencia
—mas no es hombre, que es lagarto—   50
que no sabe dar un cuarto
y sabe prestar paciencia;
hurta el cuerpo a la pendencia
con tener mil enemigos,
y no se le da dos higos   55
de no darles, por no dar;
mas no quiero murmurar.

CIX [a . 1627]

Concertadme esas medidas.

Sin ser juez de la pelota,
juzgar las faltas me agrada,
no pudiendo haber preñada
que tenga más, si se nota. Etc.

No la he visto atribuida a Góngora en ningún ms. Pero
alguien se la atribuiría alguna vez, ya que figura en el *Indice*
de poesías rechazadas por Góngora al final del tomo II del
ms. Chacón.

Es de Quevedo (*BAE*, LXIX, p. 85, o *Clásicos Planeta*,
ed. J. M. Blecua, p. 76).

Fue plagiada por Trillo y Figueroa (*Sátira V*, "Como juez
de la pelota", p. 214 de la ed. Gallego Morell).

ÍNDICE DE PRIMEROS VERSOS
Y DE ESTRIBILLOS

LXXXVIII	Abades, guardad el bonete	248
XXIII	Absolvamos el sufrir	110
LXVI	¡Ah qué grande desventura!	205
XLII	A la dina dana dina, la dina dana	159
CVI	A la que causó la llaga	289
LI	Al gualete, hejo	175
LX	Algunos hombres de bien	191
XLV	Alma niña, ¿quieres, di?	163
	Al Tajo vengo a cantar.	
	Véase: Salud y gracia, sepades.	
XV	Allá darás, rayo	86
XXIV	Andeme yo caliente	115
IV	Ansares de Menga	46
V	Aprended, Flores, en mí	47
XL	¿A qué nos convidas, Bras? ... ...,	156
XLIX	¿A qué tangem en Castela?	171
XX	Arroyo, ¿en qué ha de parar?	102
XIII	A toda ley, madre mía	77
	¡Ay Jesú, cómo sa mu trista!	
	Véase: Mañana sa Corpus Christa.	
LXX	Bailad en el corro, mozuelas	214
	Bienes da Fortuna.	
	Véase: Da bienes Fortuna.	
	¡Bien por cierto!	
	Véase: Digamos de lo que siento.	
	Bien puede ser.	
	Véase: Que pida a un galán Minguilla.	

XXVII	Buena orina y buen color	126
	Busquen otro, / que yo soy nacido en el Potro.	
	Véase: Si las damas de la Corte.	
XXX	Cada uno estornuda	132
LIX	Caído se le ha un clavel	187
XC	Caracoles pide la niña	251
	Cierra los ojos y abre la boca.	
	Véase: Alma niña, ¿quieres, di?	
XXVIII	Clavellina se llama la perra	128
CIX	Concertadme esas medidas ... ..._...	292
CIII	Con el son de las hojas	285
	Corre, Carrillo, que presto vendrás.	
	Véase: Si a gastar y pretender.	
	Corre, vuela, calla y verás.	
	Véase: ¡Oh qué verás, Carillejo!	
	Corrido va.	
	Véase: Corrido va el abad.	
LXXI	Corrido va el abad	215
	Cruzados hacen cruzados.	
	Véase: Dineros son calidad.	
L	¿Cuál podréis, Judea, decir?	174
	Cuando Dios fuere servido.	
	Véase: He quedado tan rendido.	
	Cuando pitos, flautas.	
	Véase: Da bienes Fortuna.	
XLVI	Cuando toquen a los maitines	164
XVIII	Cura que en la vecindad	97
	¡Chitón!	
	Véase: Santo silencio profeso.	
VIII	Da bienes Fortuna	59
XCVI	De aquel buen siglo dorado	266
CIV	Decidme, dama graciosa	286
LXXII	Dejando Anilla los baños	216
CVIII	De la vuelta de la villa	290
	Del Tajo vengo a cantar.	
	Véase: Salud y gracia, sepades.	
	Del Tormes vine a cantar.	
	Véase: Salud y gracia, sepades.	

Desde aquel siglo dorado.
Véase: De aquel buen siglo dorado.
Desde el talón al copete.
Véase: ¿Qué es cosa y cosa y cosa?
Deseado he desde niño.
Véase: Absolvamos el sufrir.
Diga Amor lo que siento.
Véase: Digamos de lo que siento.
XCVII   Digamos de lo que siento   269
XVII   Dineros son calidad   93
Dios me guarde.
Véase: Ya que rompí las cadenas.
Dios me libre.
Véase: Ya que rompí las cadenas.
XXXVI   Doña Menga, ¿de qué te ríes?   148

LXXIV   Echóse Leandro al mar   219
XLI   El pan que veis soberano   158
El pastor que de sus bienes.
Véase: Niño, si por lo que tienes.
LXXXVII   El que a su mujer procura   245
LVII   El racimo que ofreció   185
Ellos visten nieve.
Véase: Ansares de Menga.
LXXIII   En San Julián   217
XCVIII   Es hermosa y con dinero   270
LIII   Esta noche un amor nace   179
LXXV   Este mundo es una escala   221

LXIII   Guárdate que matan   200

VI   Hágasme tantas mercedes   49
Hay unos hombres de bien.
Véase: Algunos hombres de bien.
Ha un buhonero empleado.
Véase: Un buhonero ha empleado.
LXXVI   He quedado tan rendido   223
Hermosa es y con dinero.
Véase: Es hermosa y con dinero.
¿Hice bien?
Véase: Una moza de Alcobendas.

¿Hice mal?
Véase: Una moza de Alcobendas.

LVIII   Hoy el Josef es segundo   186
LXXVII   Hoy quiero esparcir al viento   225

La chacona a las sonajas.
Véase: ¡Oh qué bien que baila Gil!

III   La vaga esperanza mía   45
XVI   Los dineros del sacristán   89

Mamóla.
Véase: Ya el trato de la verdad.
Véase: El que a su mujer procura.

XXV   Manda Amor en su fatiga   117
XXIX   Mandadero es el arquero   129
XXXIX   Mañana sa Corpus Christa   153
          Mas de ningún modo puede / fiarse de
            una mujer.
          Véase: Puédese el hombre fiar.
          Mas Dios sabe la verdad.
          Véase: Hoy quiero esparcir al viento.
LXXXIX   Más mal hay en el aldegüela   249
          Mas no quiero murmurar.
          Véase: De la vuelta de la villa.
          ¡Mentira!
          Véase: Dineros son calidad.
          Milagros de Corte son.
          Véase: Que tenga el engaño asiento.
          Míroos desde lejos.
          Véase: No sólo el campo nevado.
LXXVIII   Mozuela de la saya de grana   229
          Mucho tengo que llorar.
          Véase: Absolvamos el sufrir.
          Mucho tengo que reír.
          Véase: Absolvamos el sufrir.
          Muéreseme una picaña.
          Véase: Regálame una picaña.

LII   Niño, si por lo que tienes   177
          No hay tal bien como estar en casa.
          Véase: Que no hay tal andar como estar
            en casa.

No me conviene.
Véase: Que por quien de mí se olvida.
No me espanto.
Véase: Que entre los gustos de amores.
No me está bien.
Véase: Que por quien de mí se olvida.
XCI   No me llame fea, calle   254
No puede ser.
Véase: Que pida a un galán Minguilla.
LXVII   No sé qué me diga, diga   208
XLVII   No sólo el campo nevado   166
II   No son todos ruiseñores   43
XXXV   No vayas, Gil, al Sotillo   146

LXXXIII   ¡Oh hidiputa, tiempo tacaño!   238
LXXXIV   ¡Oh qué bien que baila Gil!   240
¡Oh qué bueno!
Véase: Que un galán enamorado.
¡Oh qué grande desventura.
Véase: ¡Ah qué grande desventura.
XIX   ¡Oh qué lindico!   99
¡Oh qué malo!
Véase: Que un galán enamorado.
LVI   ¡Oh qué verás, Carillejo!   183
LIV   ¡Oh qué vimo, Mangalena!   180
XLIV   Oveja perdida, ven   162

LXXIX   Paloma era mi querida   231
LXI   Pasa el melcochero   195
Pisaré yo el polvico.
Véase: No sólo el campo nevado.
¡Plega a Dios que orégano sea!
Véase: Es hermosa y con dinero.
XXII   Pondérenos la experiencia   107
Por amar.
Véase: Echóse Leandro al mar.
Por aquí, mas ¡ay! por allí.
Véase: No sólo el campo nevado.
Por el amor.
Véase: Echóse Leandro al mar.
XXXI   ¿Por qué llora la Isabelitica?   134

LXXXV   Puédese el hombre fiar   242
XCII   Pues busco la soledad   255

Que a un galán pida Minguilla.
Véase: Que pida a un galán Minguilla.
XLIII   ¿Qué comes, hombre? — ¿Qué como? ...   161
Que del buen siglo dorado.
Véase: De aquel buen siglo dorado.
¿Qué diremos del clavel?
Véase: No sólo el campo nevado.
Que el príncipe Belisardo (o Felisardo)
Véase: No sé qué me diga, diga.
Que en las cosas que hacemos.
Véase: Que pida a un galán Minguilla.
CV   Que entre los gustos de amores   287
LXXX   ¿Qué es cosa y cosa y cosa?   232
¿Qué es cosa y cosa?
Véase: Decidme, dama graciosa.
¿Qué es cosicosa?
Véase: De unas enigmas que traigo.
Que es dinero.
Véase: Pondérenos la experiencia.
LV   ¿Qué gente, Pascual, qué gente?   182
XCIX   Que haya gustos en la villa   273
Que las Damas de la Corte.
Véase: Si las damas de la Corte.
XXXIII   ¿Qué lleva el Señor Esgueva?   139
¿Qué maravilla?
Véase: Que haya gustos en la villa.
Véase: Pues busco la soledad.
¿Qué milagro?
Véase: Que haya gustos en la villa.
LXV   Que no hay tal andar como estar en casa.   203
Que para todo hay lugar.
Véase: Señores, yo estoy corrido.
VII   Que pida a un galán Minguilla   51
LXIV   Que por quien de mí se olvida   201
Que pretenda el mercader.
Véase: ¡Oh qué lindico!
Que se case un don Pelote.
Véase: Que pida a un galán Minguilla.

XCIII	Que tenga el engaño asiento	257
LXVIII	Que un galán enamorado	209
	Que yo soy nacido en el Potro.	
	Véase: Si las Damas de la Corte.	
LXXXI	Regálame una picaña	235
	¡Remédielo Dios, amén!	
	Véase: ¡Ah qué grande desventura!	
	Véase: Ya nos muestra el tiempo noble.	
	Responden las fuentes / al son del aire.	
	Véase: Con el son de las hojas.	
XCIV	Salud y gracia, sepades	260
CVII	Santo silencio profeso	289
LXII	Señores, yo estoy corrido	197
	Será lo que Dios quisiere.	
	Véase: Todo el mundo está trocado.	
XXXVII	Serrana que en el alcor	150
C	Si a gastar y pretender	275
XXVI	Si en todo lo qu'hago	120
	Si es hermosa y con dinero.	
	Véase: Es hermosa y con dinero.	
	Si hace la ocasión ladrón.	
	Véase: Que no hay tal andar como estar en casa.	
IX	Si las damas de la Corte	61
	Si me vieras Juan / jugar el cayado.	
	Véase: En San Julián.	
	Sin gastar ni pretender.	
	Véase: Si a gastar y pretender.	
	Sin ser juez de la pelota.	
	Véase: Concertadme esas medidas.	
LXXXII	Soy toquera y vendo tocas	236
	Támaraz, que son miel y oro.	
	Véase· No sólo el campo nevado.	
LXXXVI	Tener don y sin dinero	243
	Tenga vergüenza.	
	Véase: Tejió de piernas de araña.	
XXXIV	Tenga yo salud	143
XXI	Tejió de piernas de araña	104

CI   Todo el mundo está trocado   277
            Todo es risa.
            Véase: Tener don y sin dinero.

            Una higa.
            Véase: Un buhonero ha empleado.
XXXII   Una moza de Alcobendas   138
XII   Un buhonero ha empleado   72

            ¡Válgame Dios, qué ventura!
            Véase: De aquel buen siglo dorado.
            Ved qué son celos.
            Véase: Dejando Anilla los baños.
XLVIII   Ven al portal, Mingo, ven   170
            ¡Verdad!
            Véase: Dineros son calidad.
XXXVIII   Virgen, a quien hoy, fiel   152
XI   Vuela pensamiento, y diles   67

XIV   Ya de mi dulce instrumento   81
XCV   Ya el trato de la verdad   264
            Y ándese la gaita por el lugar.
            Véase: Tenga yo salud.
I   Ya no más, ceguezuelo hermano   41
            Ya no más, queditito, amor.
            Véase: Ya no más, ceguezuelo hermano.
LXIX   Ya nos muestra el tiempo noble   212
CII   Ya no soy quien ser solía   282
X   Ya que rompí las cadenas   64
            Y dicen bien.
            Véase: Algunos hombres de bien.
            Y digan que yo lo digo.
            Véase: Ya de mi dulce instrumento.
            Y el ginovés como paga.
            Véase: A la que causó la llaga.
            Yo no le quiero.
            Véase: Tener don y sin dinero.
            Y ríase la gente.
            Véase: Andeme yo caliente.
            Y tengo mi cofre donde las otras.
            Véase: Soy toquera y vendo tocas.

Y pídelos cada día.
Véase: Caracoles pide la niña.
¿Y qué es cosa y cosa?
Véase: Decidme dama graciosa.
Y un ginovés como paga.
Véase: A la que causó la llaga.

ÍNDICE DE LÁMINAS

Entre págs.

Portada facsímile del Ms. Chacón. B.N.M.	37
Retrato de Góngora (Ms. Chacón. B.N.M.)	110-111
Página del Ms. núm. 4.075. B.N.M.	110-111
Página del Ms. núm. 4.075. B.N.M.	202 203
Página del Ms. núm. 8.645. B.N.M.	202-203

ESTE LIBRO
SE TERMINÓ DE IMPRIMIR
EL DÍA 2 DE SEPTIEMBRE DE 1984

ÚLTIMOS TÍTULOS PUBLICADOS

/ Fernán Caballero
A FAMILIA DE ALVAREDA
dición, introducción y notas
e Julio Rodríguez Luis.

/ Emilio Prados
A PIEDRA ESCRITA
dición, introducción y notas
e José Sanchis-Banús.

/ Rosalía de Castro
N LAS ORILLAS DEL SAR
dición, introducción y notas
e Marina Mayoral Díaz.

/ Alonso de Ercilla
A ARAUCANA. Tomo I
dición, introducción y notas
e Marcos A. Morínigo e
·aías Lerner.

/ Alonso de Ercilla
A ARAUCANA. Tomo II
dición, introducción y notas
e Marcos A. Morínigo e
·aías Lerner.

/ José María de Pereda
A PUCHERA
dición, introducción y notas
e Laureano Bonet.

/ Marqués de Santillana
OESÍAS COMPLETAS.
omo II
dición, introducción y notas
e Manuel Durán.

/ Fernán Caballero
A GAVIOTA
dición, introducción y notas
e Carmen Bravo-Villasante.

96 / Gonzalo de Berceo
SIGNOS QUE APARECERÁN
ANTES DEL JUICIO FINAL.
DUELO DE LA VIRGEN.
MARTIRIO DE SAN LO-
RENZO
Edición, introducción y notas
de Arturo Ramoneda.

97 / Sebastián de Horozco
REPRESENTACIONES
Edición, introducción y notas
de F. González Ollé.

98 / Diego de San Pedro
PASIÓN TROVADA. POE-
SÍAS MENORES. DESPRE-
CIO DE LA FORTUNA
Edición, introducción y notas
de Keith Whinnom y Dorothy
S. Severin.

99 / Ausias March
OBRA POÉTICA COMPLETA.
Tomo I
Edición, introducción y notas
de Rafael Ferreres.

100 / Ausias March
OBRA POÉTICA COMPLETA.
Tomo II
Edición, introducción y notas
de Rafael Ferreres.

101 / Luis de Góngora
LETRILLAS
Edición, introducción y notas
de Robert Jammes.

102 / Lope de Vega
LA DOROTEA
Edición, introducción y notas
de Edwin S. Morby.

103 / Ramón Pérez de Ayala
TIGRE JUAN
Y EL CURANDERO
DE SU HONRA
Edición, introducción y notas
de Andrés Amorós.

104 / Lope de Vega
LÍRICA
Selección, introducción y no-
tas de José Manuel Blecua.

105 / Miguel de Cervantes
POESÍAS COMPLETAS, II
Edición, introducción y notas
de Vicente Gaos.

106 / Dionisio Ridruejo
CUADERNOS DE RUSIA.
EN LA SOLEDAD
DEL TIEMPO.
CANCIONERO EN RONDA.
ELEGÍAS
Edición, introducción y notas
de Manuel A. Penella.

107 / Gonzalo de Berceo
POEMA DE SANTA ORIA
Edición, introducción y notas
de Isabel Uría Maqua.

108 / Juan Meléndez Valdés
POESÍAS SELECTAS
Edición, introducción y notas
de J. H. R. Polt y Georges
Demerson.

109 / Diego Duque de Estrada
COMENTARIOS
Edición, introducción y notas
de Henry Ettinghausen.

110 / Leopoldo Alas, Clarín
LA REGENTA, I
Edición, introducción y notas
de Gonzalo Sobejano.

111 / Leopoldo Alas, Clarín
LA REGENTA, II
Edición, introducción y notas
de Gonzalo Sobejano.

112 / P. Calderón de la Ba
EL MÉDICO DE SU HON
Edición, introducción y n
de D. W. Cruickshank.

113 / Francisco de Queved
OBRAS FESTIVAS
Edición, introducción y n
de Pablo Jauralde.

114 / POESÍA CRÍTICA
Y SATÍRICA DEL SIGLO
Selección, edición, intro
ción y notas de Julio Ro
guez-Puértolas.

115 / EL LIBRO
DEL CABALLERO ZIFAR
Edición, introducción y n
de Joaquín González Muel

116 / P. Calderón de la Ba
ENTREMESES, JÁCARAS
Y MOJIGANGAS
Edición, introducción y n
de E. Rodríguez y A. Tord

117 / Sor Juana Inés
de la Cruz
INUNDACIÓN CASTALID
Edición, introducción y n
de Georgina Sabat de Riv

118 / José Cadalso
SOLAYA
O LOS CIRCASIANOS
Edición, introducción y n
de F. Aguilar Piñal.

119 / P. Calderón de la Ba
LA CISMA DE INGLATER
Edición, introducción y n
de F. Ruiz Ramón.

120 / Miguel de Cervantes
NOVELAS EJEMPLARES,
Edición, introducción y n
de J. B. Avalle-Arce.